Stressfreier erziehen

Felicitas Römer

Stressfreier erziehen

Einfühlen statt schimpfen

Patmos Verlag

Wichtiger Hinweis:
Die in diesem Buch enthaltenen Informationen, Hinweise und Übungen wurden nach bestem Wissen der Autorin erstellt und sorgfältig geprüft. Sie ersetzen jedoch nicht den persönlich eingeholten (psycho-)therapeutischen oder medizinischen Rat. Verlag und Autorin können für Irrtümer oder etwaige Schäden, die aus der Anwendung der dargestellten Informationen, Hinweise oder Übungen resultieren, keine Haftung übernehmen. Deren Nutzung bzw. Durchführung erfolgt auf eigene Verantwortung der Leserinnen und Leser.

FSC
www.fsc.org
MIX
Papier aus verantwortungsvollen Quellen
FSC® C083411

Für die Schwabenverlag AG ist Nachhaltigkeit ein wichtiger Maßstab ihres Handelns. Wir achten daher auf den Einsatz umweltschonender Ressourcen und Materialien.

Bibliografische Information der Deutschen Nationalbibliothek
Die Deutsche Nationalbibliothek verzeichnet diese Publikation in der Deutschen Nationalbibliografie; detaillierte bibliografische Daten sind im Internet über http://dnb.d-nb.de abrufbar.

www.patmos.de

Umschlaggestaltung: Finken & Bumiller, Stuttgart
Umschlagabbildung: © shutterstock.com
Druck: CPI books GmbH, Leck
Hergestellt in Deutschland
ISBN 978-3-8436-0916-6 (Print)
ISBN 978-3-8436-0917-3 (eBook)

Inhalt

Vorwort

Sind Sie auch oft gestresst? Und schimpfen Sie manchmal herzhaft? Etwa über Ihren Kollegen, der Sie genervt hat? Vermutlich, denn wir alle machen das gelegentlich. Es kann unheimlich guttun, seinem Stress und Ärger Luft zu machen. Danach geht es einem oft besser. Na ja, zumindest vorübergehend. Denn meist hinterlässt das Schimpfen ein schales Gefühl. Wirklich verändert hat sich ja nichts. Auch morgen werden wir uns wieder über den nervigen Kollegen aufregen. Lohnt sich das Schimpfen also wirklich? Wäre es nicht sinnvoller, die dahinterstehenden Konflikte zu lösen und sich einen anderen Umgang mit Stress zuzulegen?

Vermutlich. Schimpfen ist vor allem dann gar nicht so harmlos, wenn andere Menschen davon betroffen sind. Unsere Kinder etwa. Die meisten Eltern wissen, dass Schimpfen nicht das erzieherische Mittel der Wahl ist, sondern oft nur Ausdruck von Gereiztheit und Hilflosigkeit. Vielen passiert es trotzdem.

Die gute Nachricht: Eine erfolgreiche und stressfreie(re) Erziehung ohne Schimpfen ist möglich! In diesem kleinen Buch möchte ich Sie dabei unterstützen, mit stressigen Erziehungssituationen anders umzugehen, das Schimpfen immer mehr sein lassen zu können und geduldiger mit sich selbst und Ihrem Kind zu werden. Auch dann, wenn es sich mal »danebenbenimmt« oder Sie auf die Palme bringt.

Und obwohl sie uns manchmal wirklich herausfordern: Kinder verdienen unseren Respekt und eine empathische, (weitgehend) schimpffreie Erziehung. Und möglichst wenig gestresste Eltern. In diesem Sinne wünsche ich viel Spaß bei der Lektüre und hoffe, dass Sie den einen oder anderen Tipp rasch umsetzen können.

Hamburg, im Oktober 2016
Felicitas Römer

1. »Muss ich erst ärgerlich werden?« Über Sinn und Unsinn des Schimpfens

»Wenn Annika zum dritten Mal abends aus dem Bett kommt, werde ich ärgerlich und fange an, herumzuzetern. Dann weint sie und es tut mir wieder leid, dass ich mit ihr geschimpft habe. Ich bin dann hin- und hergerissen und weiß nicht genau, was ich tun soll. Ich weiß nur, dass ich eigentlich nicht schimpfen möchte. Meine Eltern haben sehr oft mit mir geschimpft, als ich klein war. Ich fand das ungerecht von ihnen. Deshalb möchte ich das bei meinem eigenen Kind eigentlich anders machen. Aber es klappt halt leider oft nicht.« (Martina, 34)[1]

Schimpfen Sie auch ab und zu mit Ihrem Kind? Vermutlich. Fast alle Eltern tun das. Wenn Sie nur gelegentlich schimpfen und Ihr Schimpfen meistens moderat ausfällt, dann brauchen Sie kein schlechtes Gewissen zu haben. Keine Mutter ist eine »schlechte« Mutter, nur weil sie gelegentlich schimpft oder ärgerlich auf ihr Kind ist. Und überhaupt: Ein schlechtes Gewissen ist überflüssig. Es hilft ja nicht wirklich dabei, etwas zu verändern. Sondern quält nur.

Dennoch ist Schimpfen in der Kindererziehung unnötig und wenig hilfreich. Manchmal ist es sogar schädlich, da es die Beziehung zwischen Eltern und Kind empfindlich belasten kann. »Wieso?«, könnte man fragen. »Wurden Kinder nicht schon immer ausgeschimpft?« Sicher, mit Kindern wurde in der Vergangenheit oft und viel und laut geschimpft. Das macht es nicht besser. Man fand das ziemlich lange normal und angemessen. Eltern durften nicht nur mit ihren Kindern schimpfen, es wurde sogar von ihnen erwartet. Und es wurde als legitime oder gar nützliche Erziehungsmethode deklariert. Die Ansicht, man müsse Kinder ausschimpfen und betrafen, hat (nicht nur) in

Deutschland eine lange Tradition. Noch Ende des 19. Jahrhunderts war der gottes- und obrigkeitsfürchtige Mensch das erklärte Erziehungsziel. Es ging um Zucht und Ordnung: Das Kind sollte Befehle entgegennehmen und gehorsam sein. Der Rohrstock war das Erziehungsinstrument Nummer 1, mithilfe dessen diese Erziehungsziele durchgesetzt wurden.

Erst Anfang des 20. Jahrhunderts formierte sich eine Gegenbewegung, die sogenannte Reformpädagogik. Der Schweizer Johann Heinrich Pestalozzi, die Italienerin Maria Montessori oder der Brite Alexander Sutherland Neill etwa forderten, das Kind als Individuum zu achten und seine kreativen Kräfte zu fördern. Dieser Ansatz war revolutionär, konnte sich jedoch nicht dauerhaft durchsetzen. Denn der Nationalsozialismus brachte eine verheerende Wende mit sich: Kritisches, eigenständiges Denken des Kindes wurde fortan unterbunden. Das Kind sollte zu einem angepassten Mitläufer, einem unkritischen Befehlsempfänger erzogen werden. Es ging mehr denn je darum, dem Kind den bedingungslosen Gehorsam einzuprägen, den das Naziregime brauchte, um willige Soldaten zu produzieren. Ein liebloser Umgang mit Säuglingen und Kindern wurde zum Ideal erhoben, in der Absicht, das Kind abzuhärten und seinen Willen zu brechen. Noch bis in die 1950er Jahre hinein wurden viele Kinder nach diesen Erziehungsmaximen erzogen: Ein Baby stundenlang in seinem Bettchen schreien zu lassen war an der Tagesordnung, angeblich sei das gut für die Lungen. Tatsächlich hatte aber die Bindungstheorie nach Bowlby u. a. schon längst gezeigt, dass eine hohe Frustration der sogenannten Basalbedürfnisse des Babys nach körperlicher Nähe und emotionaler Sicherheit schwere psychische Störungen und massive Bindungsprobleme verursachen kann.

Glücklicherweise berücksichtigen wir heute, dass ein Säugling auch ein »Tragling« ist, der auf körperlich-emotionale Zuwendung sowie eine verlässliche und intensive Bindung zu einer Vertrauensperson angewiesen ist. Und wir sind allmählich zu der Überzeugung gelangt, dass bereits kleine Kinder ernst zu nehmende Wesen sind, deren psychische und physische Integrität es unbedingt zu respektieren und zu schützen gilt. Auch das ist eine erfreuliche Entwicklung, die der gesunden psychischen Entwicklung unserer Kinder dienlich ist.

Ziel all unserer Erziehungsbemühungen ist heute also der mündige, selbstbestimmte und verantwortungsbewusste Mensch, der die demokratischen Werte respektiert und zu einem friedlichen Miteinander in der Gesellschaft beitragen kann. Im Zuge dieser Veränderung der Erziehungsziele sind glücklicherweise auch viele altmodische und grausame Erziehungsmethoden aus der Mode gekommen. So ist der Rohrstock schon längst kein gesellschaftlich akzeptiertes Erziehungsinstrument mehr. Im Gegenteil: Gewaltanwendung in der Erziehung ist nach § 1631 Absatz 2 des Bürgerlichen Gesetzbuches gesetzlich verboten. Dort heißt es: »Kinder haben ein Recht auf gewaltfreie Erziehung. Körperliche Bestrafungen, seelische Verletzungen und andere entwürdigende Maßnahmen sind unzulässig.«[2] Dieses Gesetz wurde im Jahr 2000 verabschiedet – spät, aber besser als nie. Es besagt: Weder Eltern noch andere Aufsichts- bzw. Erziehungspersonen dürfen Kinder in Deutschland psychisch oder physisch angreifen, verletzen oder erniedrigen.

Wenngleich es auch immer noch zu viel Gewalt in Familien gibt und auch die entsprechende Dunkelziffer leider hoch sein mag: Der gesellschaftliche Konsens in Deutschland geht allen Untersuchungen zufolge in Richtung »Gewaltfreiheit in der Erziehung«. Die Mehrheit der Eltern sieht auch den Einsatz von Strafmaßnahmen in der Erziehung mittlerweile kritisch.

Schimpfen hingegen ist noch recht weit verbreitet, auch wenn es in den gängigen Erziehungskonzepten durchaus als unzeitgemäß und wenig hilfreich eingeschätzt wird. Schimpfen ist also eher das Relikt eines veralteten Erziehungsstils als eine notwendige und zeitgemäße Erziehungstechnik. Ist denn elterliches Schimpfen überhaupt eine Erziehungstechnik? Nein, keinesfalls. Doch was ist es dann? Und warum halten Eltern so hartnäckig am Schimpfen fest?

Was heißt schon »Schimpfen«? Definition und Funktion

Der Duden definiert Schimpfen als »seinem Unwillen, Ärger mit heftigen Worten [unbeherrscht] Ausdruck geben« oder »jemanden schimpfend zurechtweisen«[3]. Schimpfen ist also nichts anderes als der Ausdruck des eigenen Ärgers über das Verhalten eines anderen. So weit, so klar. Doch welche Funktion erfüllt das Schimpfen eigentlich? Was bringt es uns, wenn wir unsere Kinder ausschimpfen? Und was passiert mit demjenigen, der ausgeschimpft wird?

- Zunächst ist das Schimpfen eine Art *Affektabfuhr*. Der schimpfende Elternteil lässt seiner Frustration über das Verhalten des Kindes freien Lauf und erlebt so eine (kurzfristige und oberflächliche) emotionale Entlastung – freilich auf Kosten des Kindes, das sich durch die Schimpftirade herabgesetzt oder gar gedemütigt fühlt.
- In der Verhaltensbiologie wird das Schimpfen als *Drohgebärde* verstanden, die der Einschüchterung oder Abschreckung dient. Eltern, die ihr Kind demonstrativ und häufig ausschimpfen, erschrecken ihr Kind und schüchtern es ein.
- Weiterhin gilt Schimpfen in der Verhaltensbiologie als *Demonstration der eigenen Stärke*. Indem Eltern ihr Kind aus- oder sogar beschimpfen, demonstrieren sie ihre Macht. Dem Kind bleibt – da es schwächer ist – nur noch, klein beizugeben und sein Verhalten so zu verändern, dass die Erwachsenen beschwichtigt und beruhigt sind. Werden Kinder etwa ausgeschimpft, wenn sie wütend sind oder wenn sie weinen, so lernen sie rasch, ihre Traurigkeit und Wut dauerhaft zu unterdrücken.
- Eine weitere Funktion des elterlichen Schimpfens besteht darin, *die eigenen Interessen beim Kind durchzusetzen*. Ist das Kind etwa »ungehorsam«, dann wird es durch Schimpfen so unter Druck gesetzt, dass es sich wie gewünscht verhält. Dass dieser Effekt nur vordergründig funktioniert und hohe Ne-

benwirkungen und Risiken birgt, werden wir im nächsten Kapitel sehen.
- Elterliches Schimpfen resultiert oft aus der eigenen gefühlten Hilflosigkeit und sorgt dafür, *die gefühlte Ohnmacht vorübergehend in Macht umzuwandeln*. Schimpfen wäre in diesem Sinne eine *Abwehrstrategie:* Um das eigene Gefühl von Rat- und Hilflosigkeit nicht spüren zu müssen, wird der Betroffene laut und macht das eigene Kind hilflos. Man kann also davon ausgehen, dass ein oft oder laut schimpfender Elternteil, der an sich vom Schimpfen als Erziehungsmethode nichts hält, gerade selber stark in Bedrängnis ist.

Übung: Das eigene Schimpfverhalten verstehen

Nehmen Sie sich ein bisschen Zeit und überlegen Sie in Ruhe, wann Sie das letzte Mal mit Ihrem Kind geschimpft haben. Versetzen Sie sich noch einmal in die Situation hinein und lassen Sie das Geschehen vor Ihrem geistigen Auge Revue passieren. Lassen Sie dabei alle Gefühle zu, die kommen.

Überlegen Sie:
- Was war der Auslöser/Anlass Ihres Schimpfens? Was genau ist passiert, bevor Sie angefangen haben zu schimpfen? Was hat das kindliche Verhalten bei Ihnen ausgelöst?
- Wie haben Sie sich gefühlt, bevor Sie angefangen haben zu schimpfen? Wie war Ihre Stimmungslage?
  - Hat Sie etwas akut belastet oder gestresst?
  - Waren Sie unter Zeitdruck?
  - Haben Sie sich über jemand anderen geärgert?
  - Hatten Sie Schmerzen oder andere Beschwerden?
- Wie haben Sie sich während des Schimpfens gefühlt?
- Was haben Sie danach empfunden?
- Wie hat Ihr Kind die Situation erlebt? Wie hat es reagiert?
- Fällt Ihnen im Nachhinein etwas ein, das Sie möglicherweise hätten anders machen können, um das Schimpfen zu verhindern?

Stress, Konflikte, »Ungehorsam«: 7 häufige Auslöser für elterliches Schimpfen

»Mir geht meine Schimpferei ja selbst auf die Nerven! Ich weiß nur nicht, wie ich das abstellen soll. Kaum fühle ich mich von Nick provoziert oder überfordert, geht es mit mir durch. Ich kann mich dann kaum noch bremsen. Und nachher habe ich ein blödes Gefühl und ärgere mich über mich selbst.« (Monika, 31)

Fast alle Eltern wissen, dass Schimpfen zwar manchmal kurzfristig Wirkung zeigt, aber selten wirklich den erwünschten dauerhaften Effekt erzielt. Sie fühlen sich oft selbst nicht wohl, wenn sie viel schimpfen, und haben danach ein schlechtes Gewissen oder Schuldgefühle. Vielen Eltern tut ihr Verhalten im Rückblick leid oder sie schämen sich sogar dafür. Intuitiv wissen sie ja, dass sie ihrem Kind mit dem Schimpfen nichts Gutes oder sogar Unrecht tun.

Manche Eltern rechtfertigen ihr Verhalten allerdings mit dem »ungebührlichen« Verhalten des Kindes, frei nach dem Motto »Er/sie hat es ja nicht anders verdient!«. Diese elterliche Reaktion ist eher als Abwehrverhalten zu verstehen: Statt sich selbst einzugestehen, dass man vielleicht nicht besonders souverän und schon gar nicht hilfreich reagiert hat, schiebt man die Schuld dem Kind zu. So stellt man sich selbst als Opfer dar und fühlt sich dadurch wiederum (zumindest vorübergehend) emotional entlastet. Der Erwachsene gibt so die Verantwortung von sich fort und überträgt sie auf das Kind: Was für eine verkehrte Welt! Es sind doch die Erwachsenen, die Verantwortung übernehmen können; ein Kind muss das erst noch mühsam lernen.

Wichtig!
Ein Kind hat es weder selbst verschuldet noch verdient, dass wir mit ihm schimpfen. Es sind immer die Erwachsenen, die ihr Verhalten zu verantworten haben – niemals jedoch sind die Kinder verantwortlich für das Verhalten der Erwachsenen.

Obwohl Eltern wissen, dass Schimpfen keine besonders gute Konfliktlösungsstrategie ist, fällt es ihnen manchmal schwer, es zu lassen und durch andere Verhaltensweisen zu ersetzen. Auch Eltern, die Schimpfen für wenig sinnvoll halten und im Umgang mit ihren Kindern überwiegend gelassen sind, können in bestimmten Situationen und unter bestimmten Umständen regelrecht zum »Rohrspatz« mutieren:

1. Stresssituationen: Auch friedliche und geduldige Eltern neigen zum Schimpfen, wenn sie zeitlich oder mental unter großem Druck stehen. Übermäßiger Stress macht reizbar, die Nerven liegen blank, da kann es mit einem schon mal richtig durchgehen. Besonders morgens, wenn alles zügig zu gehen hat, damit Mutter und Vater pünktlich am Arbeitsplatz erscheinen und das Kind rechtzeitig in der Kita ist, sind die Nerven oft angespannt. Auch abends, wenn alle müde und erschöpft vom Tag sind, werden Eltern manchmal ungeduldig und schneller als sonst zu »Moralpredigern« oder »Rohrspatzen«. Auch Kummer und Sorgen, Belastungen am Arbeitsplatz, Krankheiten oder Schmerzen, Beziehungsprobleme und Ehekonflikte setzen die Frustrationstoleranz und Belastbarkeit der Eltern stark herab. Auch der ansonsten ruhigste Mensch der Welt kann unter solchen Bedingungen zetern, schimpfen oder ungerecht werden.
2. Öffentliche Situationen oder Situationen, in denen Autoritätspersonen oder andere wichtige Menschen dabei sind: Wenn Eltern unter Beobachtung stehen, neigen sie ebenfalls zum Schimpfen. Etwa, wenn sich das Kind in Gegenwart anderer »schlecht benimmt«, z. B. wenn die Großeltern oder die strenge Tante Emma zu Besuch sind. Oder aber an der Quengelzone der Supermarktkasse, wenn das Kind laut plärrend einen Schokoriegel einfordert und die umherstehenden Anwesenden verbal oder nonverbal von Eltern fordern, sie sollten nun aber mal »ordentlich durchgreifen«. Oder wenn sie fragen, warum das Kind denn so schlechte Manieren habe. Oder wenn das Kind als unhöflich erlebt wird, wenn Autoritätsper-

sonen wie etwa Erzieherinnen oder Lehrer anwesend sind. Dann ist das elterliche Schimpfen möglicherweise ein Tribut an die anderen, die erwarten, dass das Kind sich »ordentlich« zu benehmen habe. Mutter und Vater wollen dann nicht dastehen, als hätte sie ihr Kind nicht im Griff, und schon halten sie ihrem völlig überraschten Kind eine ordentliche Moralpredigt.

3. In angstbesetzten Situationen: Wenn Mütter und Väter emotional stark aufgewühlt sind, kommt es häufiger zu Schimpftiraden. Etwa, wenn sie eine Art Schock oder starke Angst empfinden. Ein Beispiel hierzu:

Ein achtjähriges Mädchen war mit seinem Fahrrad gestürzt. Es lag am Boden, weinte und klagte über Kopfschmerzen. Ein vorbeikommendes älteres Ehepaar beruhigte das Mädchen, rief per Telefon den Rettungswagen und informierte die Eltern. Als die Mutter nach ein paar Minuten eintraf, tröstete sie das Mädchen nicht, sondern schimpfte los: »Warum hast du auch den Helm nicht aufgesetzt, das habe ich doch schon tausend Mal gesagt, warum hörst du nie auf mich? Das ist ja unmöglich, ich bin so sauer ...« Sie war außer sich vor Wut und Empörung. Die ältere Dame war fassungslos ob der lieblos scheinenden Reaktion der Mutter und sagte freundlich, aber bestimmt: »Ach wissen Sie, das ist jetzt aber wirklich nicht der richtige Moment für Vorwürfe, meinen Sie nicht?« Daraufhin herrschte die Mutter des verletzten Kindes die Dame an: »Wie ich mit meiner Tochter umgehe, geht Sie gar nichts an! Mischen Sie sich da gefälligst nicht ein.« Kurz danach traf der Krankenwagen ein und das ältere Ehepaar entfernte sich kopfschüttelnd, nachdem es dem Mädchen noch alles Gute gewünscht hatte.

Es kann sich bei dieser Mutter natürlich um eine prinzipiell gefühlskalte Frau handeln. Es ist jedoch eher zu vermuten, dass sie die tiefe Angst um ihre Tochter mithilfe von Wut und

Schimpfen verdrängt hatte. Das Schimpfen war also eine unbewusste Strategie, die eigene heftige Angst abzuwehren. Diese Strategie entlastete die Mutter kurzfristig von ihrer Sorge. Dem Mädchen jedoch fehlte so der tröstliche mütterliche Zuspruch, den es in dieser Situation sicherlich gebraucht hätte. Insofern handelte es sich in diesem Fall zwar um eine verständliche Reaktion (wer möchte schon mit einer starken Angst konfrontiert werden, die man nur schwer ertragen kann?), aber auch eine Reaktion, bei der die Bedürfnisse des Kindes nach Trost und mütterlicher und liebevoller Präsenz unberücksichtigt und unbefriedigt blieben.

4. In Situationen, in denen Eltern sich hilflos fühlen: Auch wenn Eltern wütend oder enttäuscht sind, neigen Sie zum Schimpfen. Dabei können sich die Gefühle auf das Kind beziehen, etwa weil es nicht »gehorcht«: Am häufigsten werden Kinder ausgeschimpft, wenn sie nicht das tun, was die Eltern von ihnen erwarten. In diesem Fall ist das Schimpfen oft Ausdruck von Hilflosigkeit und Machtgebaren.
   Es kann aber ebenso sein, dass sich jemand über seinen Chef geärgert hat und diesen Frust unbewusst an seinem Kind ablässt. Man nennt dieses Verhalten in der Psychologie Verschiebung: Weil es schwierig bis unmöglich ist, dem Chef offen die Meinung zu geigen, richtet man seine Wut auf jemanden, von dem keine Bedrohung ausgeht. So kommt es, dass schwächere Familienmitglieder oft die Aggressionen abbekommen, die ursprünglich ganz anderen, oft mächtigeren Personen gelten.
5. In schambesetzten oder peinlichen Situationen: Eltern schimpfen auch oft, wenn sie Schamgefühle wegen des Kindes haben, etwa wenn es in der Öffentlichkeit etwas tut, das den Eltern peinlich ist. Das Schimpfen ist dann Ausdruck der eigenen Empörung und Scham. Für ein junges Kind ist diese Reaktion jedoch oft unverständlich, da es sich ja in der Regel nicht darüber bewusst ist, etwas Peinliches getan zu haben. Besser, als zu schimpfen, wäre in einem solchen Fall, dem Kind zu erklären, was man von ihm erwartet: »Ich möchte

nicht, dass du laut rülpst, wenn wir im Bus sitzen, das finde ich nicht so schön.«

6. In Konfliktsituationen: Eltern schimpfen häufig, wenn sie sich in ihrer jeweiligen Aktivität gestört fühlen, wenn Kinder zu unruhig sind, nicht lange stillsitzen können, immer wieder dazwischenreden etc. Oder wenn ein Elternteil das Gefühl hat, dass die eigenen Bedürfnisse wegen des Kindes (dauerhaft) zu kurz kommen. Möchte eine übermüdete Mutter beispielsweise gerne ein Nickerchen halten und wird ständig von ihrem fünfjährigen Sohn daran gehindert, kann das bei ihr zu Wut und entsprechendem Schimpfen führen. Sie hat offensichtlich dann keinen anderen Weg gefunden, den Konflikt zwischen den eigenen Bedürfnissen (Schlaf!) und dem Kontaktbedürfnis des Sohnes zu lösen. Je stärker sich dieses Gefühl, zu kurz zu kommen, verfestigt, desto mehr Wut baut sich auf und desto schärfer fallen die Schimpftiraden dann aus. Schimpfen aus allgemeinem und angestautem Frust äußert sich vor allem darin, dass die Schimpfausbrüche schon beim kleinsten Anlass und aus heiterem Himmel zu kommen scheinen.
7. In Situationen, in denen sich Eltern provoziert fühlen: Eltern schimpfen oft, wenn das Kind hartnäckig an seinem Willen festhält und diesen durchsetzen will, sich unwillig und unzugänglich zeigt. Ein kleines Kind will aber eigentlich nicht provozieren. Es tut eigentlich nur das, was es gerade tun möchte: Es folgt seinem Impuls, seinem inneren Antrieb, seiner Experimentierfreudigkeit und Neugier. Die Aussagen »Mein Kind testet seine Grenzen aus«, »Das macht das Kind doch absichtlich, um mich zu ärgern« oder »Das macht es nur, um mich zu provozieren!« sind meistens eher Befürchtungen oder Unterstellungen. Geht man dagegen zunächst davon aus, dass ein Kind etwas tut oder nicht tut, weil es gerade eigenen Interessen und Impulsen folgt, dann muss man sich nicht provoziert fühlen. Und folglich auch nicht schimpfen.

☺ **Übung: Die roten Knöpfe finden**

Beschäftigen Sie sich mit folgenden Fragen:

- In welchen Situationen neigen Sie zum Schimpfen/Schreien/Meckern?
- Welche Faktoren müssen zusammenkommen, damit Sie zum »Rohrspatz« werden?
- Erkennen Sie ein Muster?
- Was muss Ihr Kind tun, um Sie auf die Palme zu bringen? Welche »roten Knöpfe« muss Ihr Kind drücken, damit Sie wütend werden bzw. schimpfen? Welche empfindlichen Punkte werden bei Ihnen getroffen?
- In welchen Situationen schimpfen Sie nicht?
- Was bräuchten Sie, um insgesamt weniger zu schimpfen? Was könnten Sie selber dazu beitragen, damit Ihnen das gelingt?

Die Tradition des Schimpfens und wie man sie überwindet

Viele Eltern schimpfen sozusagen »automatisch«. Es »passiert« ihnen. Zumindest erleben sie das so. Das mag vermutlich daran liegen, dass sie von ihren eigenen Eltern auch oft ausgeschimpft wurden und sie daher glauben, dass Schimpfen zur Erziehung dazugehört. Sie kennen keine anderen Möglichkeiten, dem Kind den eigenen Ärger zu verdeutlichen, und wissen nicht, wie sie ihr Kind auf eine andere Weise dazu bringen können, ein bestimmtes Verhalten zu zeigen. Umgekehrt schimpfen Menschen, die in ihrer eigenen Kindheit wenig ausgeschimpft wurden, mit ihren eigenen Kindern auch meistens wenig.

Das Schimpfen ist somit eher eine Gewohnheit aus Tradition als eine bewusste Entscheidung. Wie soll man es auch anders machen, wenn man nicht weiß, wie das geht? Wenn man kein entsprechendes Vorbild hatte? Zugegebenermaßen ist es für Menschen, die selbst immer viel ausgeschimpft oder sogar geschlagen wurden, manchmal schwieriger, eine schimpffreie Erziehungsweise zu erlernen. Es ist aber nicht unmöglich. *Wichtig ist dabei allerdings, dass man aufhören muss, das selbst erlebte elterliche Schimpfen zu verharmlosen.* Dazu ein typisches Fallbeispiel aus der Beratungspraxis:

Frau M. (32) und Herr M. (36) gehen mit ihrem Sohn Max (5) seit kurzem zu einer Familienberatung. Max zeigt seit ein paar Wochen sogenanntes »auffälliges Verhalten« im Kindergarten. Er schlägt und beißt andere Kinder, ist unruhig, aufgekratzt, laut und kann sich kaum konzentrieren. Die Erzieherinnen können ihn kaum noch beruhigen und vermuten schon, Max habe ADHS. Sie haben der Familie eine Beratung ans Herz gelegt.
In der Beratung zeigen sich die Eltern besorgt um Max. Sie sind aber auch ärgerlich auf ihn, da er oft nicht höre. Sie seien es außerdem leid, sich ständig die Beschwerden der Erzieherinnen anzuhören. Max solle jetzt endlich mal lernen, sich ordentlich zu benehmen.
Max wird in der dritten Sitzung von den Beratern gefragt, was er denn zu Hause schön fände. Er sagt: »Meine Spielsachen, vor allem meine Ritterburg mag ich.« Auf die Frage, was er denn nicht so schön fände, sagt er: »Wenn Papa so laut mit mir schimpft.« Ein unsicherer Seitenblick streift seinen Vater, als sei es nicht ganz sicher, ob er das hier sagen dürfe. Der Vater beißt sich auf die Lippen, nickt Max aber aufmunternd zu. Der Berater fragt Max weiter: Was dann passiere? Max kann es nicht genau sagen, druckst herum. Ob er es denn aufmalen wolle? Er malt in die untere Ecke des Bildes einen Zwerg, über dem eine riesige dunkle Wolke schwebt. Er erklärt: »Das ist der Papa, wenn er schimpft«, und zeigt auf die Wolke. »Und der Zwerg hier unten bist du?«, fragt der Berater. Max nickt. »Und was macht der Zwerg da?« Max zuckt die Schulter. »Na ja, der ist klein.« – »Wie findet der Zwerg denn diese Wolke da?« – Max lacht verlegen: »Die ist doof und soll weg.« Was denn dann wäre, wenn die Wolke weg wäre? »Dann wäre der Zwerg nicht mehr so klein!«, sagt Max und lächelt vorsichtig.

Max' Bild sorgt für eine Wende im Beratungsverlauf. Erstmals sind die Eltern aufgefordert, ihr eigenes Verhalten zu reflektieren. Ihnen war bislang nicht klar gewesen, dass Max das Schimpfen seines Vaters als Bedrohung und Demütigung erlebt. Die dicke Wolke war unschwer als Symbol für Unheil und Gefahr zu entschlüsseln. Herr M. jedoch zeigte sich zunächst verständnislos: »Aber alle Eltern schimpfen, das ist doch nicht schlimm! Meine Eltern haben auch mit mir geschimpft, das hat mir doch auch nicht geschadet!«

Die Berater bitten das Ehepaar, zum nächsten Treffen ohne Max zu kommen. In dieser Sitzung geht es um die Kindheit der Eltern. Es stellt sich heraus, dass Herr M. mit sehr vielen Geschwistern aufwuchs und die Mutter kaum Zeit für ihn gehabt hatte; den Vater habe er ebenfalls sehr selten gesehen. Außerdem waren seine Mutter und sein Vater sehr streng gewesen, oft wurde er ausgeschimpft und bestraft. Er habe das irgendwann als ganz normal empfunden, es habe ihn nicht mehr gestört. Während er relativ emotionslos eine Situation schildert, in der er als Fünfjähriger ohne triftigen Grund von seiner Mutter angebrüllt wurde, bricht Frau M. in Tränen aus: »Das geht mir total nahe, dass du als kleiner Junge so behandelt worden bist. Das ist doch nicht in Ordnung, ich werde ganz wütend!« Herr M. schaut seine Frau irritiert an. »Aber das war doch ganz normal für mich, ich fand sogar oft, dass ich es nicht besser verdient hatte!« – »Ja«, sagt Frau M., »aber dann ist es ja umso schlimmer!« Herr M. schweigt betreten und überlegt angestrengt. »Ja, stimmt eigentlich. Irgendwie war es vielleicht doch nicht so in Ordnung, wie meine Eltern da mit mir umgegangen sind.« Was er jetzt fühle? »Ich bin durcheinander. Eigentlich weiß ich nicht, was ich fühle. Ich weiß nicht, wie ich mich damals gefühlt habe, das ist alles irgendwie weg. Aber die Reaktion meiner Frau hat mir ja gezeigt, dass es vielleicht zu Hause doch nicht so harmlos war, wie ich immer gedacht habe. Möglicherweise hab ich mir da mit der Zeit auch etwas schöngeredet.«

Herrn M.s Reaktion ist typisch. Er kann sich tatsächlich nicht an seine Gefühle erinnern, da er früh gelernt hat, sie zu verdrängen. Anders kann ein Kind eine solche lieb- und verständnislose Erziehung kaum ertragen. Auch schont sich ein Kind so vor der schmerzhaften Erkenntnis, dass Mama und Papa vielleicht nicht die bestmöglichen Eltern sind. Diese Erkenntnis können sich Kinder nicht erlauben, da sie ja existenziell und emotional von ihren Eltern abhängig sind. So kommt es, dass auch Kinder, die von ihren Eltern massiv gequält werden, an diesen hängen und bei ihnen bleiben wollen. Dieser Umstand macht es beispielsweise dem Jugendamt schwer, gravierend misshandelte Kinder in Obhut zu nehmen: Die Kinder wollen das nicht. Lieber bleiben sie bei den sie misshandelnden Eltern, als erkennen zu müssen, dass diese »schlechte Eltern« sind.

Im weiteren Verlauf der Beratung wurde mit Herrn M. daran gearbeitet zu erkennen, dass ihm das Schimpfen (und Strafen) seiner Eltern sehr wohl Kummer bereitet hatte, er diesen aber tief in seinem Unbewussten vergraben hatte. Auf dem Weg zu mehr Verständnis für seinen Sohn Max, dem es mit dem Schimpfen des Vaters auch nicht gut ging, musste er durch schmerzhafte Erinnerungen gehen und diese verarbeiten. Frau M. unterstützte ihn dabei, was ihre Beziehung nebenbei vertiefte.

Herr und Frau M. entwickelten gemeinsam mit den Beratern alltagstaugliche Strategien, wie man Max besser beruhigen und stabilisieren konnte. So wurden neue Vater-Sohn-Rituale eingeführt und der Fernsehkonsum reduziert. Herr M. konnte mittlerweile erkennen, dass er selbst ein »oft zu Unrecht ausgeschimpftes« und manchmal »schlecht behandeltes« Kind war, das seinen Kummer verdrängen musste, um ihn aushalten zu können. Die darüber entstandene Trauer ermöglichte ihm eine neue Sicht auf das Thema »Schimpfen«. Langsam lernte er, empathischer mit Max umzugehen und das Schimpfen weitgehend zu reduzieren. Die Probleme mit Max im Kindergarten ließen langsam nach, die Erzieherinnen konnten nach ein paar Wochen eine deutliche Entspannung feststellen.

Anhand dieses Beispiels können Sie einerseits deutlich sehen, wie komplex die kindlichen Strategien sind, mithilfe deren sie das Schimpfen (und Strafen) ihrer Eltern ertragen können. Der Preis dafür ist hoch. Sie können aber gleichermaßen erkennen, dass es auch für vorbelastete Eltern Möglichkeiten gibt zu lernen, das Schimpfen nach und nach sein zu lassen. Mehr Empathie für sich selbst und für das eigene Kind zu entwickeln, sind dabei zwei wichtige Bausteine.

Übung: Einen Blick in die eigene Kindheit werfen

Allzu oft vergessen Erwachsene, wie sie sich als Kind gefühlt haben. Sie wissen und spüren nicht mehr, was damals in ihnen vorging. Wenn Sie auch zu den Menschen gehören, die nicht mehr wissen, was sie gespürt haben, wenn sie von ihren Eltern (oder anderen Personen) ausgeschimpft wurden, dann könnten Sie sich auf die Suche nach Ihrem inneren Kind begeben. Tief in unserem Körper und unserem Unbewussten sind diese Gefühle nämlich abgespeichert. Daher sind sie auch wieder abrufbar. Wenn Sie sich auf die Suche nach diesen verschütteten und vergessen geglaubten Gefühlen machen wollen, können Sie sich entweder alte Erinnerungen ins Bewusstsein rufen oder alte Fotos von sich anschauen. Natürlich können Sie sich auch anderweitig auf eine Zeitreise begeben, etwa indem Sie einen Ort Ihrer Kindheit aufsuchen.

Beschäftigen Sie sich mit folgenden Fragen:

- Wurden Sie in Ihrer Kindheit ausgeschimpft?
- Wenn ja: Von wem?
- Was mussten Sie tun, um ausgeschimpft zu werden?
- Wie haben Sie das erlebt?
- Wenn Sie dazu keine oder nur sehr vage Erinnerungen haben, suchen Sie sich ein Kinderfoto von sich aus der Zeit, in der Sie häufig ausgeschimpft wurden. Sehen Sie sich auf diesem Foto genau an. Wie ging es diesem Kind, wenn es ausgeschimpft wurde?

Wichtig: Holen Sie sich nach dieser kleinen imaginativen Reise wieder ganz bewusst ins Hier und Jetzt zurück und sagen Sie sich: »Ich bin erwachsen, mir geht es gut. Ich bin sicher und kann gut für mich sorgen.« Wenn Ihnen bei einer solchen Übung schwindelig oder übel wird, Ihr Körper eine andere heftige Reaktion zeigt oder Sie von starken Gefühlen wie Angst, Verzweiflung oder Wut überwältigt werden, brechen Sie die Übung sofort ab und tun Sie etwas, das Sie in die Gegenwart zurückholt. Holen Sie sich in einem solchen Fall psychotherapeutische Unterstützung. Möglicherweise haben Sie als Kind ein traumatisches Erlebnis gehabt, das noch unbearbeitet ist und durch die Übung geweckt wurde.

2. »Bin ich böse?« Warum häufiges Schimpfen schädlich sein kann

Maja (4) baut mit Jenny im Sandkasten eine Burg. »Gib mal die Schaufel, ich will graben«, sagt sie. Jenny will aber auch graben. »Gib her, das ist meine Schaufel!« Maja greift nach der Schaufel und rupft sie Jenny aus der Hand. Jenny beginnt zu weinen und läuft zu ihrem Vater, der auf einer Bank sitzt. Majas Mutter hat die Szene beobachtet. Sie ruft Maja streng zu sich heran und schimpft: »So geht das nicht, Maja! Du kannst nicht einfach Jenny die Schaufel aus der Hand reißen, das ist ungezogen. Wir gehen jetzt sofort nach Hause, wenn du dich nicht ordentlich benehmen kannst!« Maja kommen die Tränen, sie will etwas erwidern, wird aber von ihrer Mutter unterbrochen: »Keine Widerrede, hol sofort deine Sachen. Wir gehen. Du bist selbst schuld.« Maja senkt den Kopf und holt geknickt ihre Sandsachen.

War Maja selber schuld daran, dass ihre Mutter sie so ausgeschimpft hat und sie den Spielplatz jetzt verlassen muss? Hätte sie es einsehen und sich »besser« verhalten können?

Wohl kaum. Maja ist erst vier Jahre alt und aus entwicklungspsychologischer Sicht kaum in der Lage, die Folgen ihres Handelns zu überblicken. Sie war hochkonzentriert dabei, einen Burggraben zu ziehen, und benötigte dafür die Schaufel. Ihr Ziel bei der Beschaffung derselben war nicht, Jenny bewusst zu schaden, sondern weiter an ihrer Burg arbeiten zu können. Ihr Verhalten war also keineswegs gezielt aggressiv, sondern einfach nur altersangemessen egozentrisch.

Mit ihren zarten vier Jahren ist Maja auch nur sehr bedingt fähig, sich in andere Kinder einzufühlen. Auch kann sie ihre Impulse nicht immer so steuern, wie Erwachsene das gerne hätten. Und genau deshalb bräuchte sie in solchen Situationen jemanden an ihrer Seite, der ihr geduldig und liebevoll beibringt, dass man andere Kinder nicht schlägt oder vielleicht auch mal auf etwas warten muss. Hätte Majas Mutter früher und geduldiger interveniert, wäre die Situation sicher anders verlaufen. Dann hätte Maja lernen können, *wie* sie sich verhalten sollte. So aber lernt sie nur, was sie *nicht* tun darf. Zusätzlich fühlt sie sich sicher nicht wohl in ihrer Haut: Nicht nur, dass sie ihren Burggraben nicht weiterbauen kann und sie keine Chance hat, sich zu dem Vorfall zu äußern. Sicher ist sie auch traurig und schämt sich, weil sie so etwas Schlechtes getan hat. Vielleicht ist sie insgeheim auch ein bisschen wütend auf ihre Mama, aber sie wird sich hüten, diesen Ärger jetzt zu zeigen. Sie schluckt ihn hinunter. Denn sie ist ja – so sagt Mama, und Mama hat sicher Recht! – selber schuld daran, dass sie ausgeschimpft wurde. Wäre sie ein liebes Mädchen gewesen, hätte Mama ja nicht schimpfen müssen. Zurück bleibt nur das vage Gefühl, irgendwie nicht richtig zu sein. Das wiederum löst Scham- und Schuldgefühle aus: diese schreckliche Gewissheit, etwas Falsches, Schlimmes oder Peinliches getan zu haben und deshalb vielleicht auch selbst falsch oder schlimm zu sein.

Scham- und Schuldgefühle sind schwer auszuhaltende Gefühle. Auch Erwachsene können sie kaum ertragen, weshalb sie diesen auch möglichst aus dem Weg gehen. Erwachsene verfügen jedoch über zahlreiche Abwehrmechanismen, die sie anwenden, um Scham- oder Schuldgefühle von sich fernzuhalten. Sie können diese etwa verdrängen, indem sie behaupten: »Ich hab doch gar nichts gemacht!« Sie können aber auch ihr Verhalten herunterspielen (»Das war gar nicht so schlimm, was ich gemacht habe, du stellst dich nur an!«) oder andere bezichtigen (»Du hast mich provoziert, dann ist es doch klar, dass ich wütend werde!«). Kinder jedoch haben solche Abwehrmechanismen noch nicht entwickelt und sind ihren Gefühlen schutzlos ausgeliefert. Je öfter sie jedoch ausgeschimpft werden, desto schneller werden auch sie lernen, unangenehme Gefühle wie Trauer, Wut und Ärger zu verdrängen und diese nicht mehr zu spüren.

Wie jedoch mag es Majas Mutter ergangen sein? Möglicherweise hält sie Schimpfen für eine angemessene Erziehungsmethode und meint, dass Maja nun ihre Lektion gelernt habe. Dann wäre sie jetzt zufrieden und fühlte sich im Recht – freilich auf Majas Kosten. Es könnte aber auch sein, dass sie sich insgeheim für Majas Verhalten geschämt hat: Eine »gute Mutter« sorgt doch angeblich dafür, dass das Kind andere Kinder nicht haut! Was sollen denn die anderen denken? Da muss man doch konsequent durchgreifen, oder nicht? Heißt es nicht immer, man solle dem Kind Grenzen setzen? Ihre Sorge, als schlechte Mutter dazustehen, hat vielleicht Ärger auf Maja entstehen lassen: Ihr Verhalten ist es ja schließlich, das in der Mutter so unangenehme Gefühle aufkeimen lässt. Und sie möchte vielleicht auch den anderen anwesenden Eltern demonstrieren, dass sie eine »gute Mutter« ist, die für Gerechtigkeit sorgt. Möglicherweise war es also ihre eigene Scham, die einen souveränen Blick auf die Situation und einen verständnisvollen Umgang mit ihrer Tochter verhinderte.

Ist Schimpfen also kontraproduktiv? Ja, meistens. Zumindest ist Schimpfen keine Erziehungsmethode. Und schon gar keine hilfreiche. Denn was hat Majas Mutter nun erreicht? Nichts als Ärger, Frust und Enttäuschung. Gelernt hat Maja nur, dass sie, wenn sie etwas tut, was Mama nicht gefällt, sich Ärger einhandelt. Wie man sich denn mit anderen Kindern eine Schaufel teilt, davon hat sie nun immer noch keine Ahnung.

Schimpfen tut weh. Über Scham-, Schuld- und andere unangenehme Gefühle

Schauen wir uns nun etwas genauer an, was elterliches Schimpfen bei einem Kind bewirken kann.

- Prinzipiell kann häufiges und heftiges Schimpfen ein Kind tief verunsichern und verängstigen. Um das zu verstehen, muss man wissen, dass alle Menschen eine massive Urangst davor haben, von anderen verstoßen und abgelehnt zu werden. Diese Urangst ist eine existenzielle Angst, die tief im Menschen verankert ist. Denn der Mensch ist als soziales Wesen darauf angewiesen, zu anderen dazuzugehören. Er könnte anders nicht überleben. Daher ist diese Angst der Todesangst sehr ähnlich. Besonders ein junger, abhängiger Mensch wird daher alles tun, um von seinen Eltern nicht verstoßen zu werden, und er ist bereit, sehr viel dafür in Kauf zu nehmen. Das ist der Grund, warum Kinder sich oft nicht gegen das Schimpfen wehren oder ihre Eltern auch dann noch lieb haben, wenn sie von ihnen geschlagen oder anderweitig schlecht behandelt werden. Ein Kind, das sich nicht gegen das Schimpfen wehrt, ist also nicht unbedingt ein Kind, dem das Schimpfen nichts ausmacht! Es wird zunächst immer davon ausgehen, dass die Eltern Recht haben mit dem, was sie tun und sagen. Erst später – etwa in der Pubertät – wird es kognitiv so weit sein, ihre Überzeugungen, Ansichten und Verhaltensweisen infrage zu stellen.

- Wenn Eltern ein Kind ausschimpfen und ihm mehr oder weniger deutlich machen, dass es etwas falsch gemacht hat, wird es sich entsprechend schlecht fühlen. Das können wir gut nachvollziehen, denn wir werden auch nicht gerne kritisiert oder gar ausgeschimpft. Ein Kind im Vorschulalter ist aber oft nicht in der Lage, zwischen Verhalten und Person zu differenzieren. Es wird nicht denken: »Aha, das habe ich jetzt falsch gemacht, dieses Verhalten ist unerwünscht«, sondern unter Umständen: »Ich bin falsch, ich bin ein böses Kind.« Je allgemeingültiger das Schimpfen ausfällt, desto stärker wird das Kind diese allgemeinen Gefühle von Schlecht- oder Falschsein entwickeln. Es ist also ein großer Unterschied, ob ich ein kleines Kind ausschimpfe, indem ich es verallgemeinernd rüge: »Du bist ungezogen, schäm dich!«, oder ob ich etwa sage: »Ich mag es nicht so gerne, wenn du so mit der Schokocreme herumschmierst. Lass das doch bitte.«

- Natürlich kann das Schimpfen ein Kind traurig machen, etwa weil es nicht mehr das machen darf, was es gerade gerne täte, und daher frustriert ist. Oder weil es darüber unglücklich ist, dass Mama oder Papa jetzt böse sind. Oder beides. Kinder haben das Recht zu weinen, wenn und weil sie ausgeschimpft wurden. Sie erleben das ja auf verschiedenen Ebenen als Kränkung. Diese Tränen dann zusätzlich verbieten zu wollen, wie es viele Eltern tun, ist – gelinde gesagt – sehr ungünstig: Warum sollte ein Kind nicht traurig sein dürfen, wenn die Eltern sich so deutlich unzufrieden mit ihm zeigen? Eltern, deren Kinder also weinen, nachdem sie ausgeschimpft wurden, sollten ihren Kindern wenigstens erlauben, sich darüber zu ärgern oder traurig zu sein. Oder sie könnten die Reaktion des Kindes gleich nutzen, um für ihr Schimpfen um Entschuldigung zu bitten. Auch das können Kinder oft gut verstehen und annehmen. Allerdings sollte das nicht inflationär geschehen: Eine Schimpftirade ist nicht einfach vergessen, nur weil man sie im Nachhinein bereut. Deshalb sollten Eltern daran arbeiten, möglichst wenig zu schimpfen und stattdessen andere, bessere Erziehungsstrategien zu entwickeln.
- Wenn ein Kind sehr oft zu hören bekommt, dass es etwas falsch oder schlecht macht, dass es nicht gut genug ist, dass es unverschämt, frech, faul, langsam, nervig, anstrengend etc. ist, dann entwickelt es auf die Dauer ein negatives Selbstbild: Seine Überzeugung lautet dann: »Ich bin ein schlechtes, ein böses Kind.« Eine Weile wird das Kind dann versuchen, die Eltern davon zu überzeugen, dass es doch kein böses oder schlechtes Kind ist. Wenn ihm das aber nicht gelingt, weil die Eltern die positiven Eigenschaften des Kindes nicht mehr angemessen wahrnehmen und seine Bemühungen, ein »gutes« Kind zu sein, nicht wertschätzen, dann wird es irgendwann aufgeben und sich mit den vermeintlich negativen Aspekten seines Wesens identifizieren. Das kann wiederum zu einem schwachen Selbstwertgefühl oder zu psychischen Problemen führen: Die ständige Angst, mit seinem Verhalten oder seinen

Empfindungen anzuecken, zu viel oder gar »unerträglich« zu sein, kann später zu erheblichem Leidensdruck und Beziehungsproblemen, im schlimmsten Fall zu Depressionen, Essstörungen oder anderen psychischen Störungen führen.

- Wird ein Kind häufig ausgeschimpft, wenn es seinen körperlichen Trieben folgt, so können in seiner Psyche tiefe innere Konflikte entstehen. So kann es sehr schädlich sein, ein Kind auszuschimpfen, weil oder während es gerade seinen Körper und seine Genitalien entdeckt, mit seinen Körperausscheidungen spielt oder mit einem Freund »Doktorspiele« unternimmt. Es entwickelt massive Scham- und Schuldgefühle, wenn es Lustempfindungen hat. Das kann einer gesunden psychosexuellen Entwicklung im Wege stehen und das Gefühl für die eigene Lust und den eigenen Körper empfindlich und nachhaltig stören. Im Erwachsenenalter kann das zu Beziehungsproblemen und Sexualstörungen führen.
- Wenn ein Kind ausgeschimpft wird, weil es etwa beim Herumexperimentieren mit Matsch seine Kleidung beschmutzt oder beim Malen mit Fingerfarben aus Versehen die Tür beschmiert hat, kann das seine Lust aufs Lernen negativ beeinträchtigen und seine natürliche Neugier behindern. Es wird dann immer weniger experimentierfreudig werden und seine Aktivitäten stark einschränken aus Angst, etwas falsch zu machen und ausgeschimpft zu werden. Es wird sehr brav, vorsichtig, angepasst. Es riskiert dann nichts mehr und bewegt sich lieber in den bekannten Bahnen. Das kann ganz praktisch sein, weil solche Kinder oft als »pflegeleicht« gelten. Sie trauen sich dann aber kaum noch, etwas Neues auszutesten, aus Furcht, »eins auf den Deckel zu bekommen«. Im Extremfall hört ein solches Kind dann ganz auf, etwas auszuprobieren, wird zunehmend passiv und zieht sich stark zurück.
- Wenn ein Kind plötzlich ausgeschimpft wird und es nicht wirklich versteht, warum Mama oder Papa auf einmal so »böse« ist, kann das höchst verunsichernd auf das Kind wirken. Es versteht nicht, was es falsch gemacht hat, und wird

womöglich falsche Rückschlüsse ziehen. Daher ist es sehr wichtig, dem Kind klar zu kommunizieren, was man von ihm erwartet, statt es mit einer Moralpredigt zu überziehen. Dann weiß das Kind, was von ihm erwartet wird, und es kann damit besser umgehen.

- Ein besonders aggressives Schimpfen kann bei einem kleinen Kind zu extremen Angstgefühlen führen. Herzklopfen, Zittern und Schwitzen sind nur einige der möglichen körperlichen Reaktionen. Aber auch ohne diese vegetativen Begleiterscheinungen kann ein Kind in massive Angstzustände geraten, wenn es angeschrien wird. Ein Kind, das sich aus lauter Not hinter dem Sofa versteckt oder unter den Tisch kriecht, ist offensichtlich in Panik und sucht Schutz. In eine solche als extrem bedrohlich erlebte Situation sollten Kinder möglichst nicht gebracht werden. Sie können durchaus traumatisch erlebt werden und zu einer späteren Angststörung beitragen.
- Wenn ein Kind häufig wegen seines Gefühlsausdrucks ausgeschimpft wird (»Jetzt hörst du sofort auf zu heulen!« – »Reiß dich gefälligst zusammen, du hast keinen Grund, wütend zu sein!«), wird es seine Gefühle und Impulse auf Dauer unterdrücken und diese nicht mehr zeigen. Es wird unsicher und weiß nicht mehr genau, was es zum Ausdruck bringen darf und was nicht. Besonders schwierig wird das, wenn Eltern sehr launisch auf das Kind reagieren, also manchmal einen Wutausbruch des Kindes gelassen hinnehmen können, aber auf ein ähnliches Verhalten gelegentlich – für das Kind völlig unvorhersehbar – sehr heftig ablehnend oder schimpfend reagieren. Es wird zu der inneren Überzeugung gelangen, dass es sich seinen Eltern mit seinen Gefühlen nicht zumuten kann, dass diese Gefühle schlecht und unangemessen sind. So lernt ein Kind schnell, seine Gefühle zu verdrängen. Die dauerhafte Unterdrückung von Gefühlen und Impulsen ist jedoch für den Betroffenen ein anstrengendes und ungesundes

Unterfangen, das zu späteren psychischen Störungen oder auch zu körperlichen Krankheiten führen kann.
Unterdrückte Gefühle sind ja auch nicht einfach verschwunden, sondern sie stauen sich im Unbewussten an. Ein Kind, das den Eltern gegenüber keinen Ärger und keine Wut zum Ausdruck bringen darf, weil es dann ausgeschimpft wird, wird diese unterdrückten Gefühle und Impulse dann an anderer Stelle herauslassen, etwa indem es kleinere Kinder haut oder sich anderweitig »auffällig« verhält. Auch lernt es nicht, mit unangenehmen Gefühlen angemessen umzugehen, sie etwa in Worte zu fassen oder auf andere Weise zum Ausdruck zu bringen, ohne anderen Menschen Schaden zuzufügen. In späteren Beziehungen kann das dann zu Problemen führen, etwa weil Gefühle nicht angemessen gezeigt und angesprochen werden können. Viele erwachsene Menschen müssen erst in Psychotherapien mühevoll lernen, sich selbst die Erlaubnis zu geben, ihre Gefühle wieder zu spüren und angemessen auszudrücken.

Wichtig!
Allzu häufiges, heftiges und herabwürdigendes Schimpfen kann

- zu einer Störung der Eltern-Kind-Beziehung führen,
- zu einem negativen Selbstbild des Kindes beitragen,
- die Lebensfreude des Kindes beeinträchtigen,
- Störungen der psychosexuellen Entwicklung befördern und
- sich hemmend auf das Lern- und Neugierverhalten des Kindes auswirken.

Ständiges Ermahnen, Ironisieren, Vorwürfemachen: Verhaltensweisen, die Sie lieber vermeiden sollten

Außer dem Schimpfen gibt es noch andere elterliche Verhaltensweisen, die – sollten sie häufig Anwendung finden – der kindlichen psychischen Entwicklung nicht förderlich sind. Beachten Sie also:

Wichtig!

- *Treffen Sie kein verallgemeinerndes Urteil über Ihr Kind – schon gar kein abwertendes.* Urteilen Sie am besten gar nicht. Mit Sätzen wie »Du bist ein ungezogenes/freches/unverschämtes Kind« reduzieren Eltern ihr Kind auf eine negative Eigenschaft. Dabei ist ein Kind doch ein vielschichtiges und facettenreiches Wesen, es hat viel mehr Eigenschaften und Wesenszüge als »faul«, »frech« oder »anstrengend«. Richten Sie Ihren Blick daher immer wieder bewusst auf das Kind als Ganzes und auch besonders auf seine positiven, liebenswerten Eigenschaften.
- *Vergleichen Sie Ihr Kind niemals mit anderen, vermeintlich »braveren« Kindern.* Das ist kränkend und macht garantiert traurig, manchmal auch wütend auf das Vorzeigekind, das offensichtlich vorgezogen wird. Problematisch ist das vor allem, wenn es sich hierbei um einen Bruder oder eine Schwester handelt. Das schürt die geschwisterliche Konkurrenz und die Rivalität auf ungute Weise. Vergleichen Sie Ihr Kind möglichst gar nicht. Es ist einzigartig – wie jeder andere Mensch auch.
- *Geben Sie keine unklaren Anweisungen.* Mit Sätzen wie »Benimm dich gefälligst ordentlich!« können vor allem junge Kinder meist gar nichts anfangen. Erklären Sie Ihrem Sohn bzw. Ihrer Tochter lieber genau, was Sie von ihm/ihr erwarten. Und überlegen Sie bitte hin und wieder, ob das, was Sie von Ihrem Kind erwarten, überhaupt realistisch ist.

Kinder haben einen ausgeprägten natürlichen Bewegungsdrang, für sie bedeutet übermäßig langes und stilles Sitzen z. B. am Esstisch eine ungeheure Kraftanstrengung. Achten Sie also darauf, dass Ihr Kind nicht allzu lange stillsitzen muss.

- *Pauschalisieren Sie nicht.* Mit Sprüchen wie »Das tut man nicht!« können kleine Kinder nicht viel anfangen. Später fangen sie dann gerne an, das infrage zu stellen: »Der XY sagt aber auch ›Arschloch‹!«, oder: »Papa trinkt aber auch aus der Flasche!« – »Die … hat aber auch gerülpst!« Erklären Sie lieber kurz und prägnant, warum Sie etwas jetzt nicht möchten, z. B. weil Sie es für zu gefährlich halten, weil etwas Sie oder andere Menschen stört, weil jetzt einfach nicht die passende Zeit oder nicht die passende Gelegenheit ist etc.
- *Weisen Sie Ihr Kind möglichst selten zurecht.* Es ist sehr nervenaufreibend für ein Kind, wenn sein Verhalten ständig bemängelt und korrigiert wird. So könnten Sie, statt »Och nö, jetzt hast du ja schon wieder gekleckert!« zu sagen, Ihr Kind einfach freundlich bitten, den Fleck wieder wegzuwischen.
- *Verbessern Sie Ihr Kind nicht (oder möglichst selten), wenn es etwas falsch formuliert oder falsch ausspricht.* Ihr Kind muss die Sprache noch lernen, das dauert sehr lange. Haben Sie hierbei Geduld und freuen Sie sich über die sprachliche Kreativität Ihres Kindes. Sie können aber das, was Ihr Kind falsch gesagt hat, korrekt wiederholen, so dass es sich nicht korrigiert fühlt, aber sozusagen nebenbei die richtige Version zu hören bekommt. Beispiel:

Kind: »Kann ich noch mehr Jokort haben?«
Erwachsener: »Klar kannst du mehr Joghurt haben!«

Man nennt diese Methode »korrigierendes Echo«, sie ist sehr viel charmanter, als das Kind auf seinen »Fehler« hinzuweisen und den Besserwisser herauszukehren (»Das heißt nicht Jokort, sondern Joghurt.«).

- *Ermahnen Sie Ihr Kind nicht permanent.* Sicher ist es manchmal notwendig dem Kind Hinweise dafür zu geben, wie es sich am besten jetzt verhalten sollte. »Sitz ordentlich, sei still, schmatz nicht!« – Wer sein Kind jedoch z. B. beim Essen alle drei Minuten auf diese Weise ermahnt, sorgt für garantiert schlechte Laune am Essenstisch. Das muss nicht sein. Gehen Sie lieber mit gutem Beispiel voran und zeigen Sie ihm, wie es geht. Kinder lernen auch, ohne dass man sie ständig ermahnt, wie sie sich »benehmen« sollen: Sie schauen sich das Wichtigste ohnehin von Ihnen ab.
- *Erteilen Sie Ihrem Kind keine kurzen Befehle wie einem Hund.* Natürlich müssen Sie Ihrem Kind manchmal Anweisungen geben oder ihm sagen, was es jetzt machen soll. Tun Sie das aber möglichst freundlich und auch nur dann, wenn es wirklich nötig ist. Ein Befehlston ist jedoch meistens unangenehm und überflüssig. Vermeiden Sie es bitte auch, zu viele Anweisungen zu geben. »Mach dies, mach das ...« – das wird für Kinder erst anstrengend, dann nervig. Irgendwann wird Ihr Kind dann garantiert auf Durchzug stellen und nicht mehr richtig hinhören.
- *Machen Sie Ihrem Kind möglichst keine Vorwürfe.* Vorwürfe sind anklagend, das Kind kommt in Bedrängnis, bekommt entweder ein schlechtes Gewissen oder geht irgendwann aggressiv in die Verteidigung.
- *Sagen Sie so selten wie möglich Nein.* Es ist natürlich wichtig, dem Kind einen Rahmen zu setzen. Es sollte ihm klar sein, dass es nicht alleine auf die Straße rennen und nicht in eine Steckdose fassen sollte. Auch müssen Eltern den Fernseh- und Internetkonsum ihrer Kinder beschränken, für einen bestimmten Tagesablauf sorgen usw. Ein Kind, das aber übermäßig häufig ein »Nein!« hört, wird übermäßig frustriert. Man kann ein Nein elegant und freundlich umschreiben, so dass das Kind zwar auch frustriert wird,

weil es seinen Wunsch nicht erfüllt bekommt. Dies ist aber eine freundliche Frustration, mit der ein Kind meistens gut klarkommt.
Vergleichen Sie die Wirkung beider Varianten:

Kind: »Kann ich ein Eis haben?«
Mutter: »Nein!«
vs.
Kind: »Kann ich ein Eis haben?«
Mutter: »Jetzt gerade nicht, du hattest ja vorhin schon eins. Aber morgen wieder!«

Kind: »Ich will Schokolade!«
Vater: »Nein!«
vs.
Kind: »Ich will Schokolade!«
Vater: »Das geht jetzt nicht. Ich möchte nicht, dass im Auto Schokolade gegessen wird.«

Hier ist die Aussage zwar eine ähnliche (»Nein, das geht jetzt nicht«), aber der Ton macht bekanntlich die Musik.

- *Sagen Sie hingegen so oft es geht Ja!* Das heißt nicht, dass Sie immer alles erlauben sollten, aber je öfter das geht, desto besser. Das Kind weiß dann, dass es sich in einem relativ großen Rahmen frei bewegen und entfalten darf. Es wird sich nicht eingeschränkt, sondern geschützt fühlen. Ein durch zu viele Neins und Verbote zu eng gesteckter Rahmen verlockt Kinder hingegen eher dazu, zu rebellieren oder einfach gar nicht mehr erst um Erlaubnis zu bitten. Kinder, deren Eltern oft Ja sagen, fragen dagegen oft und angstfrei um Erlaubnis. Das führt auch dazu, dass sie ihren Eltern meistens nichts verheimlichen müssen, so dass ein starkes Vertrauensverhältnis aufgebaut werden kann. Das ist später in der Pubertät besonders hilfreich und wichtig, da hier dann Verbote oft ohnehin nicht mehr greifen.

- *Versuchen Sie, Ihrem Kind möglichst selten in einem aggressiven Tonfall zu begegnen.* Sicher, jeder hat mal schlechte Laune. Diese aber an einem kleinen Kind auszulassen, ist unfair. Gehen Sie, wenn Sie irgendwie schlecht drauf oder wütend sind, lieber eine Runde joggen oder malträtieren Sie den Boxsack. Hilfreich ist es auch, dem Kind Auskunft über seine Gefühle zu geben, damit es die Laune des Elternteils einschätzen kann: »Ich habe heute Kopfweh und daher schlechte Laune, das hat nichts mit dir zu tun.«
- *Ein absolutes No-Go ist es, ein Kind niederzubrüllen.* Das ist ein sehr dramatisches Erlebnis für ein Kind – je kleiner es ist, desto schlimmer. Es kommt manchmal einem körperlichen Übergriff gleich und kann traumatisierend wirken, da es sich um eine massive Grenzüberschreitung handelt. Das Kind ist in seiner Integrität verletzt und innerlich verunsichert. Das kann zu starken Irritationen und Aggressionen seitens des Kindes führen. Eltern, denen so etwas öfter »passiert«, sollten sich professionelle Hilfe holen.
- *Körperliche Übergriffe sind nicht nur tabu, sondern sogar gesetzlich verboten. Dazu gehören nicht nur Schläge und andere Gewaltanwendungen jeglicher Art, sondern auch ein Kind zu schubsen oder es am Arm zu zerren.* In hektischen Zeiten kann es Eltern durchaus passieren, dass sie zu drastischen Maßnahmen greifen, etwa indem sie ein Kind vor sich herschubsen, damit es schneller läuft, oder es am Arm zerren. Das sind jedoch grenzwertige Verhaltensweisen, die nur in Notfällen eingesetzt werden sollten, etwa um ein Kind davor zu beschützen, vor ein Auto zu rennen, oder es vor einem zu schnellen Fahrradfahrer zu retten. Ist es dennoch einmal aus einem etwas weniger gravierenden Grund passiert, ist es sinnvoll, bei dem Kind in einer ruhigen Minute um Entschuldigung zu bitten: »Es tut mir leid, dass ich da an dir gezerrt habe, das war nicht nett von mir.« Bitte verfallen Sie nicht der Versuchung, Ihr Verhalten zu erklären oder zu rechtfertigen. Denn dann machen Sie

über diesen Umweg wieder Ihr Kind für Ihr Verhalten verantwortlich.

- *Besonders schlimm für ein Kind ist es auch, von seinen Eltern bloßgestellt und beschämt zu werden.* Das passiert, wenn ein Kind vorgeführt wird, also ihm etwa ein »Fehler« oder eine Unzulänglichkeit auf kränkende Weise präsentiert wird. Das betroffene Kind fühlt sich entblößt und ist in seiner Würde verletzt. Beschämt zu werden ist eines der schlimmsten und eindrücklichsten Erlebnisse, die ein Mensch haben kann. Auch Erwachsene können unter einer Beschämung sehr leiden, etwa wenn sie vom Chef vor Kollegen »heruntergemacht« werden. Sicher kennen auch Sie das Gefühl, am liebsten im Erdboden versinken zu wollen. Beschämungen aller Art sollten in der Erziehung unbedingt vermieden werden. Manchmal sind sich Eltern aber auch gar nicht klar darüber, dass sie ihr Kind beschämen, etwa wenn sie es vor anderen Leuten ausschimpfen oder es lautstark einer »Missetat« überführen. Daher sollten Sie viel Feingefühl im Umgang mit Ihrem Kind entwickeln. Wichtig ist ja nicht die Absicht Ihres Tuns, sondern das Erleben Ihres Kindes: Auch wenn Sie eine starke Beschämung womöglich nicht im Sinn hatten, so kann sich ein Kind trotzdem beschämt fühlen. Ebenso problematisch ist es, dem Kind durch moralische Anklagen ein schlechtes Gewissen zu machen. Es wird sich schlecht fühlen und Schuldgefühle entwickeln, die schwer auszuhalten sind und zu kindlicher Selbstverachtung führen können.
- *Ein weiteres Tabu ist es, ein Kind zu verhöhnen oder es auszulachen.* Auch mit Ironie sollte man vorsichtig umgehen, da sie durchaus verletzend sein kann. Besonders kleine Kinder verstehen Ironie noch nicht richtig.
  Etwas mit Humor zu nehmen, ist hingegen etwas anderes: Humor hat stets einen versöhnlichen Tenor. Es ist also ein Unterschied, ob ich auf das Missgeschick eines Kindes mit: »Ups, jetzt kann die Taube deine heruntergefallene Eisku-

gel essen!« (Humor), oder mit: »Na, das hast du ja mal wieder super hingekriegt! Wirf doch das nächste Mal das Eis gleich in die Mülltonne!« (Ironie), reagiere.

- *Eltern sollten nicht »nachtreten«.* Ein Beispiel: Sie haben Ihrem Kind geraten, es möge jetzt bitte auf der glitschigen Brücke nicht rennen, es könne sonst hinfallen. Ihr Kind hört aber nicht und fällt prompt hin. Was tun Sie? Genau! Am besten trösten Sie es jetzt. Verbale Nachtritte wie: »Siehst du, hab ich es dir nicht gleich gesagt?«, sind hier mindestens überflüssig, wenn nicht sogar ärgerlich und kränkend. Das Kind hat ja seine »Lektion« ohnehin auf schmerzhafte Weise gelernt.
- *Vermeiden Sie emotionale Erpressungen jeder Form.* Die bekannteste ist: »Wenn du jetzt nicht gehorchst, machst du Mama ganz traurig.« Eine solche Erpressung ist unfair: Das Kind kommt in einen tiefen Konflikt und muss sich gegen seine eigenen Impulse und Interessen entscheiden, damit Mama nicht traurig wird. Das Kind hat eigentlich keine Wahl. Insofern ist emotionale Erpressung eine effiziente, aber fiese Methode, dem Kind seinen eigenen Willen aufzudrücken.
- *Arbeiten Sie nicht mit Liebesentzug und emotionaler Distanzierung!* Ganz schlimm ist es für ein Kind, wenn Sie sich aus Enttäuschung oder Frust über sein Verhalten von ihm zurückziehen und sich emotional von ihm distanzieren. Das Kind reagiert innerlich mit tiefen Verlassenheitsängsten. Um diese zu verhindern oder zu lindern, tut es schließlich alles, um diese emotionale Distanz wieder aufzulösen – zur Not, indem es die Eltern noch mehr ärgert. Irgendeine Reaktion ist schließlich besser als gar keine.

3. Mini-Philosophen und Flow-Expertinnen: Vorschulkinder besser verstehen

Kinder entwickeln sich rasant. Oft ist Eltern jedoch nicht so klar, welche Entwicklungsaufgaben ihre Kinder gerade meistern müssen. Es ist aber sehr hilfreich, das zumindest grob zu verstehen. Dann können Eltern angemessen auf ihr Kind eingehen und sein Handeln besser verstehen. So manches Verhalten, das Eltern als fordernd, störend oder sogar als provokativ erleben, wird nachvollziehbarer, wenn man weiß, was das Kind gerade beschäftigt und was es gerade lernen möchte. Werfen wir also einen Blick auf die entwicklungspsychologischen Schritte, die das Kind jetzt gehen muss. Und auf die Bedürfnisse des Kindes, die damit verbunden sind.

Von der Neugier an der Welt: Juniorforscher und Flow-Experten

Kinder im Vorschulalter haben ein ausgeprägtes natürliches Interesse daran, die Welt zu entdecken. Sie sind entsprechend neugierig und experimentierfreudig. Gleichermaßen entwickeln sie im Zuge ihrer Hirnreifung enorme kognitive Fähigkeiten. So können sie ihre Aufmerksamkeit zunehmend besser steuern und besser fokussieren – natürlich nur im Rahmen einer gewissen Aufmerksamkeitsspanne. So kann eine Vierjährige minutenlang hochkonzentriert einen Regenwurm beobachten, sehr geduldig ein Bild malen oder einfach Steine sortieren, ohne dass ihr langweilig wird. Typisch ist, dass das Kind dabei redet oder vor sich hin murmelt, à la: »So, du kleiner Käfer, jetzt schau mal dieses Stöckchen hier!«, oder beim Bauen mit Holzklötzen: »So, und jetzt noch diesen hier obendrauf!« Wenn Kinder ganz in eine

Tätigkeit versunken und konzentriert sind, singen oder summen sie auch oft.

Überhaupt haben Vorschulkinder ja diese wunderbare Fähigkeit, in eine Art Flow zu geraten, also sich in einen mentalen Zustand völliger Vertiefung zu begeben, der mit Glücksgefühlen einhergeht. Diese Kinder gehen ganz in ihrer aktuellen Tätigkeit auf, sie werden nahezu von ihr absorbiert. Flow-Zustände sind enorm wichtig für Kinder, denn so machen sie die Erfahrung, dass es Spaß macht, sich auf etwas zu konzentrieren und aktiv oder kreativ zu sein. Je besser sich ein Kind in diesen Zustand versetzen kann, desto besser wird es sich auch in Zukunft in eine Tätigkeit versenken und sich auf eine Aufgabe oder eine Tätigkeit besinnen können. Diese Fähigkeit ist eine gute Basis für konzentriertes, interessiertes Lernen und Arbeiten.

Wichtig!

- Um diese wichtige Fähigkeit zu fördern, sollten Sie Ihr Kind möglichst selten bei seiner selbstgewählten »Arbeit« stören. Ob es nun etwas baut, sich ein Bilderbuch ansieht oder eine Fliege beobachtet: Gönnen Sie Ihrem Kind die Momente oder Minuten des völligen Konzentriertseins. Das geht natürlich nicht immer, weil auch irgendwann mal zu Abend gegessen werden oder der Rucksack für den nächsten Tag gepackt werden muss. Trotzdem sollten Sie Ihrem Kind so oft es geht ermöglichen, in Ruhe und so lange es möchte, sich einer Aufgabe oder einem Interesse zu widmen. So kann es am besten eine gute Konzentrationsfähigkeit entwickeln und seine kognitiven Fähigkeiten ausbauen.
- Ein Kind, das sich weigert, aus diesem Flow-Zustand herausgerissen zu werden und lieber noch ein wenig bei seiner aktuellen Tätigkeit verweilen möchte, ist kein ungezogenes oder gar renitentes Kind, sondern gesund und neugierig. Auch Erwachsene finden es unter Umständen sehr lästig,

beim Lesen eines interessanten Buches oder beim Schauen eines spannenden Fußballspiels gestört zu werden. Kündigen Sie es Ihrem Kind am besten einige Minuten vorher an, dass es demnächst seine Tätigkeit beenden soll. So kann es sich mental besser vorbereiten, es wird sich nicht so abrupt herausgerissen fühlen.

Planen, testen, scheitern: Von der Freude, etwas zu schaffen

Im Spielverhalten von Vier- bis Sechsjährigen zeigen sich auch ein wachsender Gestaltungswille und eine gewisse Fähigkeit, etwas vorausschauend zu planen. Das Kind beginnt, sich Ziele zu setzen, etwa auf ein besonders hohes Gerüst zu klettern. Oder einen besonders hohen Turm zu bauen. An diesem Vorhaben arbeitet es dann auch eine geraume Weile hartnäckig. Gelingt ihm dies, wird das mit einem Erfolgserlebnis einhergehen, es wird sich freuen und stolz auf sich sein. Das ist für die Stärkung des Selbstbewusstseins sehr wichtig. Fällt der Turm aber ständig um, kann das auch zu massiver Enttäuschung und Frust führen, die womöglich in einem Wutanfall enden.

Wichtig!

- Bestärken Sie Ihr Kind in seinen Vorhaben. Erwarten Sie aber nicht, dass es das auch wirklich immer durchzieht. Manchmal sind die Ziele zu hochgesteckt oder das Kind kann sich nicht so lange konzentrieren oder es mangelt noch an Geduld und Durchhaltevermögen. Bauen Sie hier keinen Druck auf. Sätze wie: »Was man sich vornimmt, sollte man auch durchziehen!«, sind bei einem Vier- bis Sechsjährigen eher unangemessen.
- Wertschätzen Sie, was Ihr Kind erreicht hat. Selbst wenn der Turm nun doch nicht ganz so hoch geworden ist wie

geplant – auch dafür verdient Ihr Kind ein bisschen Anerkennung. Übertreiben Sie dabei aber auch nicht, ein überschwängliches Lob ist oft zu viel des Guten und wirkt in der Regel künstlich. Meistens reicht auch ein anerkennendes Lächeln. Freuen Sie sich mit Ihrem Kind über seinen kleinen Erfolg, das ist ihm Bestätigung genug.

- Geben Sie Ihrem Kind keine Ratschläge, sondern lassen Sie es selbst herausfinden, wie es zum Ziel kommen könnte. Kinder sind bekanntermaßen sehr erfinderisch und auch besonders stolz, wenn sie selbst auf die Lösung ihres Problems gekommen sind!
- Sollte Ihr Kind an seinem Vorhaben scheitern, etwa wenn der Turm vor der anvisierten Höhe immer wieder umfällt, dann stehen Sie ihm verständnisvoll zur Seite. Ermutigen Sie es zu einem weiteren Versuch. Drängen Sie es aber nicht, weiterzumachen, wenn es partout keine Lust mehr hat. Reden Sie ihm seinen Frust aber auch nicht weg. Sätze wie »Das ist doch nicht so schlimm« sind hier nicht sonderlich hilfreich, da das Kind seinen Misserfolg durchaus als »schlimm« erlebt. Seien Sie lieber einfach da und akzeptieren Sie seine Gefühle. Nehmen Sie es in den Arm, wenn es traurig ist und bleiben Sie bei ihm, wenn es wütend ist. (Mehr über den Umgang mit der kindlichen Wut lesen Sie in Kapitel 7).

Es lebe der Zusammenhang! Warum Warum-Fragen jetzt so wichtig sind

Das Vorschulkind entwickelt weiterhin die Fähigkeit, sachlich-logisch zu denken. Es kann immer besser Kausalitäten erkennen, also den Zusammenhang von Ursache und Wirkung verstehen. Daher zeigt es beispielsweise ein deutliches Interesse an Mechanismen, Maschinen oder Apparaten. Das führt etwa dazu, dass es beginnt, Geräte auseinanderzubauen, um dessen Innenleben zu erkunden. Oder es drückt an allen möglichen Hebeln und Knöpfen herum, um zu sehen, was passiert. Und es experimentiert mit verschiedenen Möglichkeiten: Wie kann ich auf dem Wasserspielplatz dafür sorgen, dass das Wasser vom Wasserhahn 30 Meter weiter bis zum Teich fließt? Und wie kann ich das Wasser so umleiten, dass es dort nicht ankommt? Auch die berühmten Warum-Fragen fallen in diese Altersspanne.

Wichtig!

- Auch wenn das mitunter anstrengend für Eltern sein kann, so sollten Sie diese vielen Warum-Fragen so gut es geht beantworten. Dabei müssen diese Antworten nicht ausführlich ausfallen, das würde die Aufnahmekapazität des Kindes womöglich überfordern. Eine knappe, kindgerecht formulierte Aussage reicht völlig.
- Wenn Sie selbst nicht weiterwissen, dann sagen Sie das ruhig. Sie sind ja kein wandelndes Lexikon! Geben Sie unumwunden zu, dass Sie das jetzt auch nicht genau wissen. Natürlich können Sie auch gemeinsam ein bebildertes Sachbuch anschauen und sich die Antwort heraussuchen oder beim gemeinsamen Werkeln und Experimentieren eine Antwort finden. Voraussetzung ist natürlich, dass das Interesse des Kindes weiterhin vorhanden ist. Manchmal flaut das Interesse ebenso schnell wieder ab, wie es gekommen ist. Das liegt daran, dass das Kind eben die Aufmerksamkeit doch noch nicht so lange auf ein bestimmtes Thema richten kann wie ein Erwachsener.

Sprechen und sprachliche Selbstwirksamkeit

Auch in der Sprachentwicklung macht das Vorschulkind deutliche Fortschritte, wenn auch nicht mehr so rasch wie im Alter zwischen eins und drei. Das Sprechen gelingt ihm jetzt schon richtig gut. Es kann sich nun schon verständlich machen und glänzt oft mit witzigen sprachlichen Neologismen (= Wortneubildungen), wie etwa »Zwingelinge« statt Zwillinge. Prinzipiell beherrscht es nahezu alle Laute, wobei das »s«, das »k« und das »r« noch manchmal Schwierigkeiten bereiten.

Wichtig!

- Viele Vier- bis Fünfjährige lispeln noch ein wenig, in der Regel wächst sich das mit dem Zahnwechsel aus. Korrigieren Sie Ihr Kind bitte nicht, denn es kann das Lispeln nicht einfach abstellen. Sollte es sich gegen Ende des 5. Lebensjahres nicht von alleine legen, bitten Sie Ihren Kinderarzt um eine Überweisung zu einem Logopäden.
- Vier- bis sechsjährige Kinder verfügen mittlerweile bereits über einen erstaunlichen Wortschatz, der sich schnell erweitert. Oft zeigen sie auch schon reges Interesse an Zahlen und Buchstaben. Geben Sie diesem Wunsch bitte nach; beantworten Sie entsprechende Fragen und stellen Sie ihm entsprechende Bilderbücher zur Verfügung. Die Zeiten, in denen ein Kind mit dem Lesen oder Rechnen warten sollte, bis es in die Schule kommt, sind vorbei.
- Übertreiben Sie es aber auch nicht mit der Förderung: Je weniger Druck es in Bezug auf Lesen, Schreiben und Rechnen erfährt, desto besser. Lesen Sie Ihrem Kind lieber viel vor und besorgen Sie in der Bücherei oder einem Buchladen entsprechende Bilderbücher. Schöne Buntstifte und Papier sollten natürlich auch zur Verfügung stehen – falls Ihr Kind schon Buchstaben und Zahlen malen möchte. Wenn Ihr Kind dann bei den ersten Schreibversuchen naturgemäß viele Fehler macht, korrigieren Sie diese nicht. Es wird noch in der Schule schnell genug lernen, wie man »richtig« schreibt.

Ein Vorschulkind beherrscht auch bereits die wichtigsten grammatischen Regeln, auch wenn es diese natürlich nicht auswendig aufsagen könnte. Es neigt aber zu sogenannten Übergeneralisierungen: Das bedeutet, dass es eine grammatische Regel gelegentlich auch dann anwendet, wenn diese nicht gilt, etwa wenn es sagt: »Er gehte raus.« Eine solche Aussage ist also kein eigentlicher Fehler, sondern das eindeutige Zeichen dafür, dass das Kind prinzipiell verstanden hat, wie man ein regelmäßiges Verb konjugiert. Dass »gehen« ein unregelmäßiges Verb ist, wusste es bis dato einfach noch nicht.

Wichtig!

- Korrigieren Sie solche »Fehler« also nur sanft, indem Sie das Wort richtig wiederholen: »Ach, er ging in den Garten?«, statt: »Es heißt nicht ›gehte‹, das ist falsch!«
- Niemals sollten Sie sich über eine solche Fehlleistung lustig machen. Das ist kränkend, entmutigend und schränkt die Freude des Kindes an sprachlicher Kreativität ein.

Interessanterweise beherrscht das Vorschulkind nicht nur die Sprache immer besser, sondern es lernt auch zunehmend, wie es Sprache nutzbringend einsetzen kann. So hat es bereits gelernt, dass es mit seinen Wünschen bei Mama und Papa besser landet, wenn es höflich um etwas bittet oder das angebliche Zauberwort »Bitte« benutzt – auch wenn es das vielleicht manchmal wieder vergisst, weil es gerade von bestimmten Gefühlen überrollt wird. So kann es z. B. in Kombination mit dem entsprechenden »Bambiblick« Papi so bezirzen, dass er rasch die Süßigkeiten rausrückt. Oder Mama davon überzeugen, noch eine halbe Stunde länger im Garten bleiben zu dürfen.

Wichtig!

- Obwohl Kinder in diesem Alter bereits über eine gewisse Fähigkeit zur Manipulation verfügen, sollten Eltern sich davor hüten, ihnen nun Böses zu unterstellen. In der Regel setzen Sie dieses Knowhow nur pfiffig ein, nicht etwa um jemanden auszutricksen, zu übervorteilen oder gar zu schaden. So durchtrieben denken Kindergartenkinder in der Regel nicht. Vielmehr setzen sie Sprache und Körpersprache ein, um ihre Ziele zu erreichen und Wünsche erfüllt zu bekommen – was ja durchaus verständlich ist. Warum sollte ein Kind nicht alle Register ziehen, um etwas zu seinen Gunsten durchzusetzen? Es muss ja irgendwie herausfinden, wie man sich in der Welt behaupten kann. Zu wissen, wie man etwas erreichen kann, stärkt das Gefühl von Selbstwirksamkeit, was wiederum für die Entwicklung des Selbstwertgefühls eine wichtige Rolle spielt.
- Hier sind allerdings auch souveräne Eltern gefragt, die sich nicht immer um den Finger wickeln lassen, sondern auch mal freundlich und klar Nein sagen können, wenn es die Situation erfordert.

Viele Missverständnisse mit Kindern im Vorschulalter ergeben sich aus der Tatsache, dass Kinder zwischen vier und sechs noch sehr egozentrisch denken. Sie erleben sich tendenziell als Mittelpunkt der Welt und gehen daher auch davon aus, dass ihr Gegenüber sie versteht. Der abstrakte Transfergedanke: »Es könnte sein, dass ich nicht so verstanden werde, wie ich verstanden werden möchte, also muss ich mich anders ausdrücken«, funktioniert bei Vorschulkindern noch nicht.

Wichtig!

Im Kontakt mit Kindern im Vorschulalter ist es wichtig, immer wieder besonders gut zuzuhören und nachzufragen, wenn man etwas nicht oder nur unzureichend verstanden hat.

So lernt das Kind, dass es nicht immer auf Anhieb verstanden wird, und es wird sich bemühen, verständlich zu werden.

Kneten, radeln, malen: Die Entwicklung der motorischen Fähigkeiten

Wer sein Kind genauer beobachtet, kann nun sehen, wie sich seine Proportionen verändern. Hatte es mit drei Jahren vielleicht noch ein bisschen »Babyspeck«, so wachsen nun die Gliedmaßen deutlich, der Bauch wird flacher und der Rumpf schlanker. Insgesamt wird das Kind kräftiger, es kann besser die Balance halten und seine Wahrnehmung ist geschärfter. Aus dem eher grobmotorischen Kleinkind wird so ein kleiner Bewegungsexperte, der schon (bald) fröhlich durch die Gegend radelt. Grundlegend für die Entwicklung dieser Fähigkeiten ist eine entsprechende Reifung der Gehirnregionen, die für die Motorik zuständig sind. Damit diese Hirnreifung allerdings gelingen kann, muss das Kind ausreichend Möglichkeit haben, diese Fertigkeiten zu üben, etwa indem es oft auf dem Spielplatz herumtoben oder sich anderweitig viel bewegen kann. Auch die Feinmotorik entwickelt sich in dieser Phase weiter, etwa durch Kneten, Basteln oder Malen.

Wichtig!

- Geben Sie Ihrem Kind möglichst oft die Gelegenheit, sich bewegen zu können, etwa auf dem Spielplatz, im Garten oder im Sportverein. Ein Laufrad oder ein Roller sind als Vorübung für das Fahrrad sehr zu empfehlen.
- Malen und Basteln fördern die Feinmotorik, die das Kind in der Schule zum Schreibenlernen braucht. Auch dafür sollte Ihr Kind ausreichend Zeit am Tag zur Verfügung haben.

- Auch Matschen im Sandkasten oder Bauen mit Legosteinen sind der Feinmotorik höchst förderlich. Weniger wichtig ist dabei das Resultat. Das Tun an sich ist weitaus wichtiger! Lassen Sie Ihr Kind also matschen und bauen, so oft es geht.

Magisches Denken, Ängste und Alpträume: Das beschäftigt Ihr Kind jetzt besonders

Vorschulkinder sind kleine Philosophen. Sie beschäftigen sich intensiv mit den zentralen Fragen des Lebens: »Wo ist man, wenn man tot ist?« – »Warum bin ich auf der Welt?« – »Wie sieht Gott aus?« – »Stirbst du auch mal, Mama?« Diese Fragen sind auch für Erwachsene gar nicht immer leicht zu beantworten.

Wichtig!
Eltern sollten hier keine fertigen Antworten liefern, sondern mit Ihrem Kind in einen kreativen, frei fließenden Dialog treten: »Ich weiß auch nicht so genau, wie Gott aussieht. Wie stellst du ihn dir vor?«

Die Beschäftigung mit dem Tod geht zum Teil mit erheblichen Ängsten einher. Einerseits haben Kinder noch ein sehr ichbezogenes Weltbild, das durch die Erkenntnis, nur ein kleiner Teil im Weltall zu sein, erheblich irritiert wird. Sie schwanken dann zwischen Macht- und Ohnmachtsgefühlen. Dieses Wechselbad der Gefühle macht sich oft im Spiel bemerkbar, etwa wenn einer der Retter ist und der andere das Opfer. Auch Waffen werden jetzt interessant: Sie versetzen das Kind in einen sichereren Status, es fühlt sich weniger hilflos und ausgeliefert. Daher dienen Kampfspiele mit oder ohne Waffen der kindlichen Angstabwehr und sollten deshalb nicht radikal unterbunden werden.

Auch die Erkenntnis der Endlichkeit kann für Kinder sehr schmerzlich sein. Vor allem die Vorstellung, dass die Eltern sterben könnten, aktiviert starke Verlust- und Verlassenheitsängste: »Was passiert mit mir, wenn Mama stirbt?« Einem Vierjährigen ist meistens noch nicht klar, dass es in 20 Jahren auf seine Mama nicht mehr so angewiesen sein wird wie jetzt. Es kann also bei der Vorstellung, Mutter oder Vater zu verlieren, in bedrohliche Angstzustände geraten und in Tränen ausbrechen. Auch werden diese Ängste häufig nachts im Traum verarbeitet. So kommt es, dass Kinder in diesem Alter häufig unter Alpträumen leiden und nachts öfter wieder ins Elternbett gekrabbelt kommen. Aufgewühlt und verängstigt wie sie dann sind, brauchen sie unbedingt die körperliche Nähe der Eltern zur Beruhigung und psychischen Stabilisierung.

Wichtig!
Wenn es also irgendwie geht, ermöglichen Sie Ihrem verängstigten Kind, den Rest der Nacht bei Ihnen im Bett oder auf einer Matratze neben Ihrem Bett zu nächtigen. Trösten Sie es, kuscheln Sie mit ihm. Und seien Sie geduldig: Wenn es diese Phase überwunden hat, wird es auch sicher wieder in seinem eigenen Bett schlafen können.

Die Vorschulphase ist auch die Zeit des magischen Denkens: Die Kinder schreiben sich selbst oder anderen Menschen, aber auch Tieren, Pflanzen oder Gegenständen übersinnliche Kräfte zu. Möglicherweise wissen sie zwar kognitiv, dass ein Schrank nicht wirklich sprechen kann, ihre Imaginationskraft ist jedoch noch so mächtig, dass die Fantasie hier über den Verstand dominiert. Manche Kinder sehen in dieser Lebensphase Gespenster oder sind davon überzeugt, übernatürliche Kräfte zu haben. Auch bringen sie Vorgänge miteinander in Verbindung, die nüchtern betrachtet nichts miteinander zu tun haben. Oft sehen sie sich selbst dafür als Auslöser, was manchmal zur psychischen Belastung werden kann (»Weil ich böse war und mein Essen nicht aufgegessen habe, ist Papa ausgezogen.« – »Weil ich gedacht habe: ›Du blöder Arsch!‹, hatte Oma einen Unfall!«).

Wichtig!

- Machen Sie Ihrem Kind klar, dass es für bestimmte Geschehnisse keine Verantwortung trägt. Besonders bei gravierenden Vorfällen wie etwa Trennung, Scheidung oder Tod eines Angehörigen sollten Sie genau hinsehen, wie Ihr Kind reagiert und ob es sich etwa eine Mitschuld daran gibt. Auch wenn Sie ihm dieses Gefühl vielleicht nicht ganz »wegnehmen« können, so sollten Sie es doch trösten und emotional entlasten.
- Wenn Ihr Kind Gespenster oder andere nicht vorhandene Gestalten sieht, sollten Sie ihm das nicht einfach nur ausreden. Hüten Sie sich auch davor, sich darüber lustig zu machen. Das Gehirn des Kindes funktioniert eben noch so, dass es Vorgänge oder Situationen, die es rational nicht verstehen kann, durch ergänzende Fantasiekonstrukte zu erklären versucht.
- Beruhigen Sie Ihr Kind liebevoll, wenn es sich vor etwas ängstigt, was es nicht wirklich gibt. Geben Sie nicht vor, etwas Unsichtbares zu sehen, aber entwickeln Sie mit Ihrem Kind gemeinsam eine Strategie, das imaginierte, angsteinflößende Wesen fortzuschicken oder aber freundlich zu stimmen.

Von Gut und Böse: Die Sache mit der Moral

Kinder im Vorschulalter haben eine hohe Affinität zur Fantasiewelt und lieben Geschichten und Märchen. Dabei spielt auch die sogenannte Angstlust eine gewisse Rolle: Gruselige Geschichten sind nun gleichermaßen furchteinflößend wie reizvoll. Auch entsteht ein ausgeprägtes Interesse an Gut und Böse: Das Kind entwickelt erste, noch recht grobe, moralische Vorstellungen, wobei es sich natürlich besonders an den vorgegebenen Regeln der Eltern orientiert. Die von Mama und Papa aufgestellten Postulate werden zum Teil so stark verinnerlicht, dass die Kleinen zu wahren Moralaposteln mutieren. Sie wirken dann gelegentlich überangepasst und geben frisch Erlerntes gerne mal an andere weiter. So kann eine Fünfjährige in dozierendem Tonfall zu einem Vierjährigen sagen: »Das sagt man aber nicht! Das ist böse!«, oder: »Das darfst du nicht, das ist verboten!« Aber auch Eltern werden davon nicht verschont. So kann ein Vierjähriger hartnäckig darauf bestehen, dass Papa beim Autofahren sein Handy nicht benutzen darf. Oder er wird Mama wiederholt daran erinnern, dass man bei Gelb nicht mehr über die Ampel fahren darf. In einem solchen, von Eltern manchmal als »besserwisserisch« erlebten Verhalten zeigt sich, dass das Kind gewisse Regeln kennt und diese auch verstanden hat. Es ist aber auch als Ausdruck einer hohen Anpassungsbereitschaft an Eltern und Erzieher zu verstehen, die wiederum einem tiefen und existenziellen Bedürfnis nach Verbundenheit entspringt. Ein Kind übernimmt die Regeln und »Weisheiten« der Eltern und anderer Autoritäts- oder Bezugspersonen also nicht, weil es diese bereits kritisch geprüft und für gut befunden hätte, sondern einfach, weil es dazugehören will.

Auch ein relativ starker Nachahmungsdrang tritt in dieser Lebensphase auf: So werden Mama, Papa oder ältere Geschwister imitiert – manchmal zum großen Erstaunen und Vergnügen der Eltern. Das Kind verhält sich wie ein kleiner Erwachsener, es deckt freiwillig den Tisch, trägt ständig Papas Schuhe oder will den Nagellack seiner Mutter ausprobieren. Räumt Ihr Kind also gerade abends freiwillig sein Zimmer auf und sortiert akribisch seine Siebensachen in diverse Kisten und Regale, dann freuen Sie sich bitte nicht zu früh: Diese Phase geht leider vorbei!

»Ich bin doch kein Mädchen!« Geschlechtsidentität und »ödipale Phase«

Während ein jüngeres Kind noch der Ansicht ist, dass das Geschlecht änderbar sei (»Mama, später werde ich auch mal ein Junge!«), lernt es im Vorschulalter, dass die Geschlechtszugehörigkeit etwas Konstantes, Unveränderliches ist. Es versteht langsam, dass es ein Mädchen bzw. ein Junge ist und auch bleiben wird. Es bildet also eine Geschlechtsidentität aus, wird sich seines Geschlechtes bewusst. Die Genitalien werden nun ausgiebig erforscht, auch erste harmlose Doktorspielchen mit anderen Kindern sind jetzt möglich. Eltern sind hier gefordert, die körperliche Selbsterkundung des Kindes gelassen zur Kenntnis zu nehmen und alle auftretenden Fragen kindgemäß zu beantworten. Fragen zur Fortpflanzung kann man gut mithilfe hübscher Bilderbücher beantworten, wobei man noch nicht allzu sehr ins Detail gehen muss.

In dieser Phase beginnen Mädchen oft, sich bewusst in Pink zu kleiden. Sie spielen gerne die kleine Prinzessin, während der Junge alles sein will, bloß kein Mädchen! Das oft sehr deutliche Bestreben, sich vom anderen Geschlecht abgrenzen zu wollen, wirkt auf Erwachsene manchmal etwas übertrieben. Vor allem Paare, die nicht unbedingt die klassischen Geschlechtsstereotypen vorleben möchten, sind davon gelegentlich irritiert. Doch keine Sorge: Diese Überreaktion auf die Erkenntnis »Ich bin ein Mädchen / ich bin ein Junge« wird sich mit der Zeit wieder legen. Es sei denn, das Kind wird in seinen geschlechtsstereotypen Bestrebungen extrem bestätigt, etwa wenn ein Junge nun aufgefordert wird, sich »cool« oder »wie ein Mann zu benehmen«, nicht zu weinen, stark zu sein etc. Auch Mädchen können sich sehr rollenkonform entwickeln, etwa wenn sie in der Prinzessinnenrolle viel Aufmerksamkeit bekommen, z. B. wenn der Vater sich immer wieder überschwänglich über ihre Schönheit und Bravheit äußert und das Mädchen dadurch lernt, dass es sich von Papa (und womöglich allen anderen Männern auch?) Vorteile erhoffen kann, wenn es denn immer hübsch und lieb ist. Eltern sollten sich hier unbedingt klarmachen, was sie ihrem Kind statt dieser Geschlechtsstereotypen wirklich mit auf den Weg geben wollen.

Sigmund Freud nannte die psychosexuelle Entwicklungsphase des Kindes zwischen vier und sechs Jahren die »ödipale Phase«. Damit bezog er sich auf die griechische Sage um König Ödipus, der zuerst seinen Vater umbrachte und dann seine Mutter heiratete (allerdings ohne das zu wissen). Freuds Theorie geht davon aus, dass Kinder zwischen vier und sechs Jahren durch das erwachende Geschlechtsbewusstsein sich nun besonders für das gegengeschlechtliche Elternteil interessieren. In der Tat sagen Jungen in diesem Alter oft: »Mama, wenn ich mal groß bin, dann heirate ich dich!« Und das Mädchen sucht die Bestätigung des Vaters.

Wichtig!
In dieser Phase ist es besonders wichtig, dass die Eltern auf eine gesunde Weise abgegrenzt bleiben. Das bedeutet: Ein Junge, der von seiner Mutter seinem Vater vorgezogen wird, etwa weil die Mutter mit ihrem Ehemann unglücklich ist, kann erhebliche Probleme bekommen. Umgekehrt wird es auch ein Mädchen schwer haben, das von seinem Vater der Mutter vorgezogen wird. Erstens bekommt das Kind zwangsläufig ein schlechtes Gewissen dem anderen Elternteil gegenüber: Es gerät in Loyalitätskonflikte, die es kaum aushalten kann, ohne psychischen Schaden zu nehmen. Andererseits lernt ein solcherart funktionalisiertes Kind, dass der gleichgeschlechtliche Elternteil minderwertig zu sein scheint, so dass seine Identifizierung mit diesem erschwert wird. So könnte ein Mädchen zu folgendem Schluss kommen: »Wenn Papa mich lieber hat als Mama, dann ist Mama nicht so gut, also muss ich besser/anders werden als Mama!« Eine positive und stärkende Identifikation mit dem gleichgeschlechtlichen Elternteil, die für eine gute Entwicklung der Geschlechtsidenti-

tät sehr wichtig ist, ist kaum noch möglich. Steht der Vater jedoch zu seiner Frau, dann lernt das Kind: »Meine Mama ist gut und richtig, ich will auch so werden wie meine Mama.« Je klarer sich Eltern also zueinander bekennen, desto besser ist das für Kinder in diesem Alter. Ein Satz wie: »Ich finde es lieb von dir, dass du mich heiraten möchtest. Aber das geht ja nicht, ich bin ja schon mit deinem Vater verheiratet und möchte das auch bleiben!«, wäre also eine klare mütterliche Antwort auf die Avancen des Jungen. Und der Vater sollte dem Mädchen signalisieren: »Du bist meine Tochter, und ich habe dich sehr lieb. Und die Mama haben wir beide lieb, stimmt's?« So bleibt man einerseits in liebevollem Kontakt mit dem Kind, setzt aber klare Zeichen, wer hier das erwachsene Paar ist – und wer das Kind dieser beiden Erwachsenen.

Sozialverhalten: Sandkastenspiele und der Umgang mit Streit

Wenn Sie auf dem Spielplatz Kinder im Alter zwischen vier und sechs Jahren beobachten, werden Sie sehen, dass diese zwar durchaus ein gewisses Interesse an anderen Kindern zeigen, in der Regel aber eher nebeneinanderher als wirklich miteinander spielen. Je älter das Kind wird, desto kooperativer wird es sich im Spiel mit anderen verhalten können. Je jünger das Kind ist, desto egozentrischer ist sein Weltbild. Es kann nur bedingt erkennen, dass andere Kinder auch Bedürfnisse und Wünsche haben. Zwar hat man schon bei sehr kleinen Kindern empathische Fähigkeiten nachgewiesen, man sollte sich aber davor hüten, diese dann auch einzufordern oder zu erwarten. Einem Vierjährigen fällt es in der Regel noch schwer, etwas abzugeben oder zu teilen, das er gerade selbst unbedingt haben möchte.

Wichtig!

- Konflikte mit anderen Kindern sollten Eltern daher jetzt auf die leichte Schulter nehmen. Das Kind lernt durch sie – vorausgesetzt natürlich, die Erwachsenen zeigen ihm, wie man eine konfliktbelastete Situation meistert.
- Ihr Kind braucht jetzt keine strengen Ermahnungen, sondern liebevolle und freundliche Erklärungen, die es ihm ermöglichen, sich in das andere Kind einzufühlen. Statt zu sagen: »Gib dem Kind sofort die Schaufel wieder, die gehört dir nicht!«, oder gar mit ihm zu schimpfen, sollten Eltern lieber so etwas sagen wie: »Schau mal, jetzt weint der Junge, weil du ihm die Schaufel weggenommen hast. Er ist jetzt traurig.«
- Eltern müssen auch nicht immer sofort reagieren, wenn Kinder sich um einen Gegenstand streiten. Es ist für ein Kind auch spannend zu sehen, wie andere Kinder auf sein Verhalten reagieren. Stehen Sie also parat für den Fall, dass Sie eingreifen müssen. Das ist spätestens dann der Fall, wenn ein Kind grob übergriffig wird oder weint. Allerdings ist nicht jeder kleine Schubser eine Moralpredigt wert. Hier reicht eine kleine Ansage in freundlichem Tonfall: »Ich möchte nicht, dass du andere Kinder schubst, das tut ihnen doch weh.«

Warum eine sichere Bindung so wichtig ist

Bereits in den 1950er Jahren entwickelte der Kinderpsychiater und Psychoanalytiker John Bowlby die sogenannte Bindungstheorie. Er ging davon aus, dass ein Säugling die sichere Bindung an mindestens eine Person benötigt, um psychisch gesund aufzuwachsen. Diese Bindungsperson, die meistens die Mutter ist, aber natürlich auch der Vater oder eine andere Person sein kann, sollte eine hohe Feinfühligkeit im Umgang mit dem Säugling aufweisen, also etwa seine Bedürfnisse erkennen und angemessen und liebevoll darauf reagieren. Das Kind macht dann die Erfahrung, dass es gesehen wird, dass seine Signale erkannt und ernst genommen und seine Bedürfnisse befriedigt werden. Indem die Bindungsperson die Bedürfnisse des Säuglings wiederholt befriedigt, lernt der Säugling, dass diese Person zuverlässig ist. Liebevolle Zuwendung sorgt dafür, dass das Kind lernt, sich selbst als »gut«, »richtig« und »wichtig« zu erleben. Auf diese Weise wird der Grundstein für ein positives Selbstbild und ein gesundes Selbstwertgefühl gelegt. Der sicher gebundene Säugling entwickelt Urvertrauen in die Eltern, in die Menschen und die ganze Welt.

Diese sichere Bindung ermöglicht es dem etwas älteren Kind dann auch, sich vorübergehend von den Eltern zu trennen. Es hat nämlich bereits ein positives inneres Bild dieser guten Eltern entwickelt. Man nennt das in der Psychologie »Introjekt«. Das Kind verinnerlicht die guten Eltern, so dass die Elterninstanz ein Teil seiner selbst wird. Es hat ein tiefes Grundvertrauen entwickelt, nicht alleingelassen zu werden, auch wenn die Eltern gerade nicht greifbar sind.

Aus der Erfahrung, bei den engsten Bezugspersonen Sicherheit und Schutz zu finden, erwächst auch die Fähigkeit, sich anderen Erwachsenen anzuvertrauen und mitzuteilen. Das ist jedoch ein längerer Prozess, und Mama und Papa werden immer Vorrang haben.

Auch sicher gebundene Kinder weinen manchmal beim Abschied von den Eltern, etwa wenn sie neu in einer Kita eingewöhnt werden. Sie lassen sich jedoch relativ schnell von einer anderen Vertrauensperson trösten. Teddybären oder Schmusetücher helfen Kindern oft dabei, den Übergang von zu Hause in den Kindergarten (oder eine andere neue Situation) besser zu meistern, weshalb diese sogenannten »Übergangsobjekte« eine wichtige Funktion haben.

Je sicherer ein Kind an eine Bindungsperson gebunden ist, desto besser gelingt auch seine Impulskontrolle. Da es die Erfahrung von Trost und Schutz bereits oft gemacht hat, weiß es mittlerweile, wie es sich anfühlt, mithilfe von Körperkontakt oder liebevollen Worten Beruhigung zu finden. So kann es mit der Zeit relativ problemlos lernen, sich selbst zu beruhigen. Das gelingt zunächst ebenfalls gut mithilfe eines Übergangsobjektes, später reicht dann schon das Bewusstsein, dass Mama bald wiederkommt, als Trost und zur Beruhigung aus.

Wichtig ist jedoch, dass auch ein sicher gebundenes Kind in seiner Fähigkeit, eine Trennung von den Eltern auszuhalten, nicht überstrapaziert werden darf. So sollte eine Kita-Eingewöhnung langsam und sukzessive erfolgen. Einen längeren Aufenthalt bei Oma und Opa sollte es nur machen, wenn es mit ihnen schon vertraut ist. Ein Übernachtungsbesuch bei einem Freund ist spannend, kann dann aber kurz vor dem Einschlafen doch noch gelegentlich zu Tränen führen. In diesem Fall sollte das Kind auf jeden Fall von der betreuenden Person getröstet werden, im Notfall muss das Kind dann auch mal von Mama oder Papa wieder abgeholt werden. Auf solche Eventualitäten sollten Eltern gefasst sein und möglichst gelassen reagieren.

Auch in Situationen, in denen sich das Kind irritiert oder bedroht fühlt, reicht das innere Bild der Bindungsperson bzw. das Übergangsobjekt nicht aus. So sollten Eltern das Kind nach einem kleinen Unfall in der Kita möglichst schnell abholen. Auch tun Eltern gut daran, ihr Kind im Vorschulalter während eines Krankenhausaufenthalts nicht alleine zu lassen. In solch belastenden Situationen helfen tatsächlich nur die Präsenz und die Liebe der Eltern.

»Ich kann das schon!« Autonomiebestrebungen des Vorschulkindes

Zu den Entwicklungsaufgaben eines vier- bis sechsjährigen Kindes gehört auch, seinen Erfahrungsschatz zu mehren und seinen Bewegungsradius zu erweitern. Es wird beginnen, immer weitere Kreise zu ziehen, und traut sich z. B. auf dem Spielplatz immer öfter, sich auch mal etwas weiter von Mama oder Papa wegzubewegen. Es wird nun oft die Umgebung erkunden, fröhlich auf seinem Laufrad herumflitzen und immer wieder neue Geräte auf dem Spielplatz austesten. Es will autonomer werden. Das geht interessanterweise aber nur, wenn es sich nach wie vor sicher an die Eltern gebunden fühlt. So kann es sich am besten frei entfalten und entwickeln, wenn es sich von den Eltern beschützt fühlt, wenn es bei ihnen immer wieder Zuflucht findet und Kraft tanken kann.

Eltern müssen ihrem Kind diesen Entwicklungsfreiraum geben, gleichermaßen aber immer zur Verfügung stehen, wenn das Kind wieder zum »Andocken« kommt und/oder etwas Wichtiges mitzuteilen oder zu zeigen hat. So ist es für ein Kind schön zu wissen, dass Mama oder Papa auf der Bank sitzt und zuschaut, wenn es sich im Sandkasten austobt oder auf dem Bolzplatz Fußball spielt. Die Eltern sind dann der sichere Hafen, bei dem das Kind jederzeit ankern und »auftanken« kann, etwa wenn es sich wehgetan hat oder einfach mal wieder die Rückversicherung braucht, dass jemand da ist. Nach einer kleinen Weile auf Papas Schoß oder an Mamas Seite wird das Kind dann wieder spielen gehen oder die Umgebung erkunden.

Natürlich müssen Eltern in dieser Phase auch mögliche Gefahren von dem Kind abwenden. Kinder können beispielsweise Geschwindigkeit noch nicht so gut einschätzen und nicht schnell genug reagieren, so dass Eltern hier sanft regulierend eingreifen müssen, etwa wenn das Kind zu schnell Lauf- oder Fahrrad fährt.

Wichtig!
Eltern sollten den Erkundungsdrang ihres Kindes willkommen heißen, auch wenn es für sie manchmal anstrengend ist. Das Beste, was Eltern nun tun können, ist, dem Kind bei seinen Welterkundungsversuchen wohlwollend zur Seite zu stehen. Sie sollten sich über entsprechende Erfolge und Fort-

schritte freuen und ihrem Kind das auch spiegeln. Dabei sollte das »Lob« allerdings nicht zu überschwänglich ausfallen. Auch hier gilt: Ein freundliches, anerkennendes Lächeln ist oft mehr wert als ein künstlich und übertrieben wirkendes: »Boah, das hast du aber großartig gemacht! Du bist der Beste!«

Kinder im Vorschulalter wollen im Zuge ihrer zunehmenden Eigenständigkeit immer mehr selbst erledigen. »Lass mich, ich kann das schon!«, heißt es dann oft, und ungeduldig warten die Eltern dann darauf, dass das Kind endlich den Hosenknopf zu oder den Deckel der Milchtüte aufgeschraubt bekommt. Für Kinder ist es sehr wichtig, möglichst viele Alltagsaufgaben selbst zu erledigen: Sie schulen damit wichtige Alltagskompetenzen und darüber hinaus auch oft noch ihre feinmotorischen Fähigkeiten. Und Eltern sollten das unbedingt fördern und zulassen, so weit irgendwie möglich. Manchmal dauert es natürlich länger, wenn sich Filius die Schuhe selbst anzieht oder die Zahnpasta noch etwas ungeschickt aus der Tube quetscht. Und so manches Missgeschick kann dabei natürlich auch passieren: Kaum ist die Milchtüte geöffnet, kippt sie schon um und die Milch läuft in einem großen Schwall über den Esstisch. Oder es landet mehr Schokocreme im Gesicht als auf dem Brot.

Wichtig!

- Über Missgeschicke, die aus einem kindlichen Eifer heraus geschehen, sollten Eltern gelassen hinwegsehen. Auch wenn es die morgendliche Routine manchmal empfindlich durcheinanderbringt: Ein Fleck auf der frisch gewaschenen Kinderjeans oder dem Boden ist vielleicht ärgerlich, aber keine Schimpftirade wert. Bedenken Sie immer, dass Ihr Kind das nicht absichtlich macht. Einfach einen Lappen holen, wegwischen, weitermachen.
- Nur in Ausnahmefällen sollten Sie Dinge für Ihr Kind erledigen, die es eigentlich schon selber kann. Lassen Sie Ihr

Kind insgesamt möglichst viel tun und ausprobieren. So wird es zunehmend eigenständig und selbstbewusst. »Ich kann das schon!«, ist Ausdruck eines Stolzes, den Sie Ihrem Kind unbedingt lassen sollten. Würdigen Sie die Lernschritte Ihres Kindes, indem Sie kurz »Prima, das klappt ja schon super!« sagen. Von Belohnungen sollten Sie jedoch eher absehen: Das Kind lernt aus Eigenmotivation, und so sollte das auch möglichst bleiben. Durch den Einsatz von Belohnungen verschieben Sie nur unnötig den Motivationsfokus: Ihr Kind will dann etwas *bekommen* statt etwas *erreichen*.

Verständnis, Aufmerksamkeit, Nachsicht: Das braucht Ihr Kind jetzt von Ihnen

Ihr Kind macht zwar jetzt schon oft einen klugen und »reifen« Eindruck. Lassen Sie sich davon aber nicht täuschen: Es braucht immer noch ganz dringend das intensive Gefühl von Geborgenheit und emotionaler Verbundenheit. Diese vermitteln Sie Ihrem Kind, indem Sie sich ihm regelmäßig bewusst zuwenden, ausreichend Zeit mit ihm verbringen und sich für seine Befindlichkeit interessieren. Das bedeutet nicht, dass Sie jede Minute checken sollten, was Ihr Kind gerade fühlt oder tut. Wenn Sie Ihr Kind einfach im Blick behalten und Präsenz zeigen, reicht das völlig aus.

Ihr Kind braucht neben der Bindung zu Ihnen unbedingt auch genug Freiraum, um sich entwickeln zu können. Es muss also die Möglichkeit und Erlaubnis bekommen, sich zu entfalten, seinen Radius zu erweitern, sich anderen Menschen zuzuwenden, z. B. sich mit anderen Kindern zu verabreden. Dabei sollte es die Möglichkeit haben, zu Ihnen zurückzukehren, um bei Ihnen »anzudocken« und »aufzutanken«.

Ihr Kind braucht nach wie vor viel Sicherheit. Besonders wenn es von Ängsten geplagt wird, müssen Eltern ihrem Kind einen Schutzraum bieten, wann immer es diesen braucht. Ein weinendes Kind braucht Trost, ein ängstliches möchte in den Arm genommen und beruhigt werden. Besonders nachts, wenn alles dunkel, still und vielleicht unheimlich ist, tut die körperliche Nähe von Mama und Papa gut.

Zum Gefühl der Sicherheit gehört auch eine gewisse elterliche Klarheit. Das bedeutet, dass das Kind wissen sollte, was von ihm erwartet wird. Dies versteht es am besten, wenn Eltern klare Ansagen machen, etwa: »Ich möchte, dass du dir jetzt die Zähne putzt!« Rituale können hierbei sehr hilfreich sein. Sie geben dem Kind Orientierung. Besonders abends helfen bestimmte regelmäßige Abläufe dem Kind, Abschied vom Tag zu nehmen und zur Ruhe zu kommen.

Ihr Kind braucht hin und wieder Ihre ungeteilte Aufmerksamkeit. Das bedeutet auch, dass das elterliche Smartphone oder Tablet gelegentlich konsequent ausgeschaltet und weggelegt werden muss. Ein Kind spürt immer, ob Sie wirklich aufmerksam bei ihm sind oder einfach nur »Jaja« sagen, seine Sandburg nur kurz mit einem Blick streifen und sich dann wieder intensiv der WhatsApp-Unterhaltung mit Ihrer Freundin widmen. Auch Kopfhörer im Ohr signalisieren dem Kind: »Ich höre dir nur halb zu!«, und sollten daher bewusst weggelassen werden.

Unterschätzen Sie niemals die Bedeutung von liebevollem Körperkontakt. Ein Küsschen hier, eine kleine Umarmung da, an Papas Hand laufen oder mal rasch auf Mamas Schoß klettern: Kinder holen sich in der Regel die Streicheleinheiten, die sie gerade brauchen – vorausgesetzt, sie fühlen sich dazu auch eingeladen. Bieten Sie auch selber Körperkontakt an, eine liebvolle Geste zur Verabschiedung im Kindergarten oder eine Extraportion Knuddeln beim Wiedersehen mögen viele Kinder gerne. Es kann allerdings auch sein, dass Ihr Kind auf Ihre Angebote nicht immer eingehen möchte. Seien Sie dann nicht enttäuscht oder traurig: Ihr Kind darf über seinen Körper selbst bestimmen und autonomer werden. Dazu gehört, auf seine Grenzen zu achten und auch mal Nein zu sagen. Respektieren Sie das. Ihr Kind ist ja nicht dazu da, um Ihr Kuschelbedürfnis zu befriedigen.

Ihr Kind braucht jetzt Verständnis für seine speziellen Bedürfnisse und Gefühle, die im Zuge seiner Entwicklungsschritte entstehen können. So sollten Eltern Geduld aufbringen, wenn das Kind einen Wutausbruch bekommt, wenn ihm etwas nicht gelingt, oder es nicht verteufeln, wenn das Mädchen den überraschenden Wunsch nach einem pinken Röckchen äußert. Ein Junge kann nun besonders starkes Interesse daran entwickeln, Zeit mit seinem Vater zu verbringen, mit ihm zu raufen und etwas mit ihm zu unternehmen. Für all diese entwicklungsbedingten Verhaltensweisen sollten Eltern Verständnis aufbringen und Nachsicht zeigen.

Ihr Kind ist nun besonders experimentier- und lernfreudig. Es kann sich intensiv mit bestimmten Themen beschäftigen, sich regelrecht in eine Tätigkeit versenken. Dafür braucht es allerdings Zeit, und zwar unverplante Zeit. Sollte der Kalender also zu vollgestopft sein, so streichen Sie möglichst ein paar (feste) Termine. Ihr Kind braucht jetzt mehr Zeit für selbstgestaltetes und selbstgesteuertes Spielen als für feste Kurse und Veranstaltungen.

Um seine Wissbegierde und Neugier angemessen befriedigen zu können, braucht das Kind nun »geistiges Futter«. Geben Sie ihm also Antworten auf seine Fragen, reden Sie über alles Mögliche, lesen Sie ihm viel vor, und stellen Sie Bilder- und Sachbücher zur Verfügung. Kleinere Ausflüge in nahe gelegene Museen oder Tierparks werden sicher dankbar angenommen. Richten Sie sich dabei auch ganz nach seinen Interessensgebieten. Sind Sterne gerade total spannend? Dann ist das Planetarium einen Besuch wert.

Das Kind im Vorschulalter braucht allerdings ebenso die Möglichkeit, seine kreativen und motorischen Fähigkeiten zu schulen. Basteln, malen, werkeln: All das ist jetzt besonders interessant. Aber auch Bewegung tut dem Kind gut, so sollte im Alltag genug Zeit zum Trampolinhüpfen, Klettern, Schaukeln, Balancieren, Fußballspielen oder Laufradfahren sein.

Das Kind braucht, je größer es wird, desto dringender reife, gut abgegrenzte Eltern, die sich als Vorbild und Identifikationsmodell zur Verfügung stellen. Das bedeutet, dass Eltern aus der Symbiose mit dem Kind sukzessive aussteigen, das Kind immer mehr loslassen müssen, gleichermaßen aber natürlich weiterhin als Bindungsperson zur Verfügung zu stehen haben. Insbesondere wenn Eltern mit besonderen Ängsten zu tun oder massive Konflikte in der Ehe haben, kann das die Entwicklung des Kindes beeinträchtigen. Sollte dies der Fall sein, kann eine Psycho-, Paar- oder Familientherapie hilfreich sein.

Übung: Das Kind »lesen«

Machen Sie sich Folgendes hin und wieder klar:

- Woran hat Ihr Kind gerade besonders viel Spaß?
- Was macht Ihnen gemeinsam Freude?
- Womit beschäftigt sich Ihr Kind? Welche Themen spricht es immer wieder an?
- Was braucht Ihr Kind gerade von Ihnen?
- Woran erkennen Sie das?
- Welche Ängste hat Ihr Kind ggf. zurzeit? Lässt es sich gut beruhigen? Wenn ja, wie?
- Was stresst Ihr Kind momentan?
- Was finden Sie an Ihrem Kind gerade besonders liebenswert? Was macht Ihnen im Kontakt mit Ihrem Kind gerade besonders viel Freude?

4. Empathie: Wie Einfühlungsvermögen die Eltern-Kind-Beziehung stärkt

Stella ist vier Jahre alt und ein sehr bewegungsfreudiges Mädchen. Besonders gerne klettert sie. Je höher, desto besser! Gerade erklimmt sie ein hohes Seilgerüst auf dem Spielplatz. Plötzlich rutscht sie mit dem Fuß vom Seil ab und fällt in das Netz direkt unter ihr. »Aua, autsch!«, ruft sie und beginnt zu weinen. Stellas Mutter eilt herbei. »Oh, was ist denn passiert? Hast du dir wehgetan?« Stella nickt, klettert herunter und humpelt ihrer Mutter entgegen. Tränen laufen ihr übers Gesicht. Die Mutter kniet sich hin und nimmt Stella in den Arm. »Zeig mal her!«, sagt sie. Stella deutet auf einen kleinen Ratscher an ihrem Bein. »Hm, tut es noch weh?«, fragt Stellas Mutter. »Ein bisschen!«, sagt Stella und wischt sich die Tränen vom Gesicht. Die Mutter hält sie noch ein bisschen im Arm, streichelt ihre Wange. Zwei Minuten später löst sich Stella von ihrer Mutter: »Jetzt ist es wieder gut. Tschüss Mama, ich gehe wieder klettern«, ruft sie und flitzt wieder Richtung Klettergerüst. Stellas Mutter steht auf, setzt sich wieder auf die Bank und liest weiter in ihrem Buch.

Jeder Mensch verfügt über ein gewisses Maß an Einfühlungsvermögen. Die meisten Mütter und Väter können rasch erkennen, wenn es ihren Kindern nicht gut geht oder wenn sie etwas Bestimmtes brauchen. Ob das tatsächlich an den sogenannten Spiegelneuronen liegt, die Wissenschaftler in den 1990er Jahren entdeckt haben, ist noch weitgehend unklar. Laut einiger Theorien sorgen bestimmte Nervenzellen in unserem Gehirn dafür, dass wir in der Lage sind, Empathie zu empfinden, uns also in andere Menschen einfühlen können. Ein letzter Beweis für diese These steht bislang allerdings noch aus. Doch auch ohne genaue wissenschaftliche Erklärung wissen wir schon lange, dass Menschen in einem gewissen Maße erkennen können, wie es einem anderen geht. Sehen wir ein schmerzverzerrtes Gesicht, erkennen wir, dass es dem anderen nicht gut geht. Laufen ihm Tränen herunter, wissen wir, dass er entweder traurig oder anderweitig stark beeinträchtigt ist. Lacht jemand herzlich, vermuten wir hingegen (meistens zu Recht), dass er fröhlich ist. Blicken wir in die großen, leeren Augen von hungernden oder verwaisten Flüchtlingskindern, werden wir traurig.

Der Grund, warum wir in der Lage sind, andere Menschen und deren Empfindungen zu »lesen«, liegt darin, dass wir das seit unserer Geburt üben. Bereits Säuglinge lernen den Gesichtsausdruck ihrer Eltern richtig zu interpretieren. Es sieht also so aus, als wäre es für die Spezies Mensch von allerwichtigster Notwendigkeit, sich nonverbal zu verständigen und ineinander einfühlen zu können. Mutter und Baby stellen so einen innigen Kontakt miteinander her. (Vater und Baby natürlich auch!) So lächelt eine Mutter ihr Baby an, wenn es zuerst lächelt. Auch umgekehrt reagiert ein Baby mit Lächeln, wenn Mutter oder Vater es freundlich ansprechen und anlächeln. Ist der Säugling hingegen unglücklich und schreit in seinem Bettchen, wird Mama einen besorgten Gesichtsausdruck bekommen, der signalisiert: Ich sehe, dass es dir nicht gut geht. Sie wird das Baby dann aus seinem Bettchen heben, trösten und versorgen. Eltern, die in gutem Kontakt mit ihren Kindern sind, haben also meistens intuitiv die Fähigkeit, ihr Kind zu lesen und zu verstehen.

So fiel es auch Stellas Mutter nicht schwer zu erkennen, dass ihre Tochter nun Trost brauchte. Intuitiv tat das Selbstverständlichste der Welt: Sie tröstete ihre Tochter. Es gelang ihr jedoch dabei, nicht in überschwängliches Mitleid zu verfallen, sonst hätte sie sicher gesagt: »Ach, mein armer, armer kleiner Liebling, dieses Gerüst ist aber auch wirklich gefährlich! Komm, ich gebe dir einen Schokoladenriegel zum Trost! Brauchst du einen Verband? Das tut bestimmt ganz, ganz doll weh! Ach, du Arme!« Ein solches Verhalten wäre zum einen überbehütend, da es sich in diesem Fall nur um einen kleinen harmlosen Kratzer handelte.

Zum anderen signalisiert ein solches dramatisierendes Verhalten, dass die Mutter nun mehr leidet als das Kind selbst, die Mutter zieht so die Aufmerksamkeit (unbewusst) auf sich. Der Schmerz des Kindes tritt gegen die ausgestellte Sorge der Mutter in den Hintergrund. Mit aufrichtigem Trost hat ein solches Verhalten kaum noch etwas gemein.

Andererseits war Stellas Mutter aber auch nicht der Versuchung erlegen, ihrem Kind die Schmerzen auszureden. Leider tendieren viele Eltern dazu, Kindern mitzuteilen, ihre Schmerzen oder ihr Kummer seien »nicht so schlimm« und weisen sie so indirekt darauf hin, sich doch bitte nicht so anzustellen. Das machen vor allem Erwachsene so, denen früher selber verboten wurde, ihre Gefühle zu fühlen: Auch ihnen wurde anerzogen, die Zähne zusammenzubeißen und nicht herumzujammern. Eltern, die die Gefühle ihrer Kinder nicht ertragen können, können ihre eigenen Gefühle nicht ertragen, weil diese wiederum von den eigenen Eltern nicht ertragen wurden. Dabei ist es eine der wichtigsten Aufgaben von Eltern überhaupt, den Kindern Emotionen zu erlauben und diese auch aushalten oder »halten« zu können. In der Psychologie nennt man diese Fähigkeit, die auch in der Psychotherapie bzw. Analyse von Bedeutung ist, »containing«. Einen »Container« für die Gefühle des Kindes zur Verfügung zu stellen, ist zwar nicht immer ganz einfach, hilft aber dem Kind sehr dabei, sich psychisch gesund zu entwickeln. Es lernt dadurch, dass seine Gefühle in Ordnung sind und für die liebsten Bezugspersonen keine Last darstellen.

Stellas Mutter konnte ihrer Tochter entspannt und souverän zur Seite stehen, ohne in dem Vorfall gleich eine Katastrophe zu sehen oder ihn in seiner Bedeutung herunterzuspielen. Wie man an Stellas Reaktion erkennen kann, erholte sie sich schnell und lief wieder frohgemut und gestärkt »in die Welt hinaus«. Empathisch zu erziehen, kann also manchmal ganz einfach sein.

»Oskar macht nur Quatsch!« Oder: Warum es Fehlverhalten nicht gibt

Im Erziehungsalltag gibt es jedoch zahlreiche Situationen, in denen es uns Eltern schwerer fällt, empathisch zu reagieren als in unserer kleinen Spielplatzszene. Wie kann man etwa empathisch bleiben, wenn man sich gerade unheimlich über sein Kind ärgert? Oder wenn man keine Zeit für »Gefühlsduseleien« hat, weil man pünktlich bei der Arbeit sein muss? Und überhaupt: Muss man das Kind nicht auch erziehen? Ihm sagen, was es darf und was es nicht darf?

Um es gleich zu sagen: Es wird wohl niemandem gelingen, immer gleichermaßen empathisch zu sein. Andererseits lohnt es sich aber, sich immer wieder darin zu üben. Denn Eltern, die sich ihrem Kind (überwiegend) empathisch gegenüber verhalten,

- schaffen ein vertrauensvolles Familienklima,
- stärken und vertiefen die Eltern-Kind-Beziehung, ohne das Kind übermäßig stark an sich zu binden oder es in die eigenen Konflikte zu verwickeln,
- fördern die Fähigkeit ihres Kindes, seine Gefühle wahrzunehmen und mit ihnen angemessen umzugehen,
- vermitteln ihrem Kind das Gefühl, wertvoll und wichtig zu sein,
- stärken die Fähigkeit des Kindes, sich selbst gegenüber wohlwollend zu sein und sich selbst lieb zu haben,
- fördern die Selbständigkeit des Kindes.

Was also tun, wenn sich Eltern von dem Verhalten ihres Kindes provoziert fühlen? Ein Beispiel hierzu:

Oskars Mutter hört ein verdächtiges Geräusch im Badezimmer. Hastig läuft sie dorthin: Und was sieht sie? Ihr fünfjähriger Sohn Oskar sitzt mitsamt seinem Piratenschiff inmitten einer großen Pfütze auf dem Boden. Alles ist überschwemmt. Oskars Klamotten sind nass. »Oskar!«, schimpft sie. »Was machst du da? Du hast ja alles nass gemacht!« Oskar erschrickt. »Ja, äh … ich, äh … wollte nur …«, stammelt er, aber seine Mutter lässt ihn gar nicht ausreden. »Du kommst jetzt sofort hier raus und machst alles wieder trocken. Und dann ziehst du eine trockene Hose an. Das Piratenschiff kommt jetzt erst mal weg!« Oskar zieht ein Gesicht, macht aber, was seine Mutter von ihm verlangt. »Dass du aber auch immer so einen Quatsch machen musst!«, schimpft Oskars Mutter noch vor sich hin und verstaut das abgetrocknete Piratenschiff auf Oskars Kleiderschrank.

Es ist verständlich, dass Oskars Mutter von der Überschwemmung nicht sonderlich begeistert ist. Doch hätte sie sich einmal seine Version der Geschichte angehört, hätte sie vielleicht mehr Empathie für ihn entwickeln können und nicht gleich schimpfen müssen. Oskars Geschichte lautet nämlich so:

Oskar liebt sein Piratenschiff, das er gerade zu seinem fünften Geburtstag geschenkt bekommen hat. Gerade hat er es ins Badezimmer geschleppt, weil er es in der Badewanne schwimmen lassen möchte. Sein Freund, der Frederick, hat das zu Hause nämlich auch gemacht. Oskar dreht also den Wasserhahn der Badewanne auf, da kommt ein plötzlicher Schwall Wasser aus dem Duschkopf heraus und ergießt sich auf dem ganzen Boden. Oskar erschrickt und macht schnell wieder aus. Alles ist jetzt nass. Und jetzt kommt schon Mama und schimpft mit ihm. Dabei wollte er doch nur mit dem Schiff spielen wie Frederick. »Blöde Mama!«, denkt er. Und: »Doofes Piratenschiff!« Und vielleicht weint er jetzt auch noch ein bisschen.

Genau genommen hat Oskars Mutter ihn also für ein kleines Missgeschick bestraft. Mit ein bisschen mehr Interesse und Empathie hätte sich das schnell klären lassen, und die beiden hätten keinen Ärger miteinander bekommen müssen.

Erwachsene sind manchmal zu schnell mit einer einseitigen Bewertung des Geschehens zur Hand. So heißt es oft: »Das macht er/sie doch absichtlich«, oder: »Damit will er mich doch ärgern.« Meistens ist das aber gar nicht der Fall. Dazu noch ein weiteres Beispiel aus der Familienberatung:

Lilly ist sechs Jahre alt und geht in die Vorschule. Zum Ärger ihrer Eltern hatte sie letztens den Unterricht geschwänzt und war mit einem Klassenkameraden in eine Shopping-Mall gegangen. Der Lehrer hatte sie darüber informiert. Lillys Eltern waren entsetzt: Wie kann das sein? Sie hatten ihre Tochter doch gut erzogen, sie weiß doch genau, dass man so etwas nicht machen darf. Sie waren empört, schimpften mit ihr und hofften, dass es nicht wieder vorkommt. Leider jedoch kam es wieder vor. Die Eltern waren ratlos, so suchten sie zusammen mit Lilly eine Familienberatung auf. Lilly wurde gefragt, was denn passiere, wenn sie die Schule geschwänzt hätte, woraufhin sie völlig klar und unbedarft antwortete, dass die Eltern dann ganz viel miteinander reden würden. Ob sie das denn sonst nicht täten? Nein, sagte Lilly bestimmt. Aber in letzter Zeit schon. Wie sie das denn fände? Gut, sagte sie. Es sei schön, wenn Mama und Papa miteinander reden. Sonst würden sie nur schweigen, streiten oder Fernsehen gucken.

Lillys Eltern reagierten betreten. Ja, es stimme, sie hätten sich in den letzten Jahren auseinandergelebt, eine echte Ehe führten sie nicht mehr. Fast jedes Gespräch ende in einem Krach. Die Sorge um Lilly und der Ärger über ihr Verhalten habe sie allerdings zumindest auf der Elternebene einander wieder nähergebracht.

In den folgenden Sitzungen nutzten sie die Gelegenheit, um ihre Paarprobleme miteinander zu besprechen. Sie verstanden Lillys Verhalten nun eher als (unbewussten) Hilferuf denn als »schlechtes Benehmen«, und sie konnten sich nach ein paar Wochen sogar bei ihr dafür bedanken, dass sie sie durch dieses Verhalten gezwungen hatte, Hilfe zu holen. Lilly hingegen schwänzte nie wieder die Schule und machte jetzt insgesamt einen entspannten und fröhlichen Eindruck.

Solche oder ähnliche Vorgänge kennen Familientherapeuten zur Genüge, denn Kinder machen durch besonderes Verhalten oft auf Missstände oder unbearbeitete Konflikte in der Familie aufmerksam. Bevor wir uns also darauf beschränken, dem Kind etwas Böses zu unterstellen oder an unseren Erziehungsfähigkeiten zu zweifeln, sollten wir uns immer auch die Frage stellen, was denn vielleicht noch dahinterstecken könnte. Beim Aufdecken solcher Mechanismen kann eine Familientherapie sehr hilfreich sein.

Abgrenzung, Akzeptanz, Anteilnahme: Die sieben Grundannahmen einer empathischen Erziehung

Eltern, die sich mehr auf ihre natürliche Empathiefähigkeit besinnen oder diese ausbauen wollen, sollten sich mit folgenden Grundannahmen vertraut machen:

1. *»Mein Kind ist anders als ich. Ich erlaube ihm das ausdrücklich.«*
   Eltern müssen akzeptieren, dass das Kind anders ist als sie selbst. Das liest sich zwar wie eine Selbstverständlichkeit, ist aber in der Realität oft gar nicht so einfach. Denn irgendwie gehen wir ja doch davon aus, dass unsere leiblichen Kinder uns ähnlich sind oder sein sollten, weil das für uns manchmal einfacher wäre. Kinder sind ihren Eltern zwar in mancherlei Hinsicht ähnlich, in anderen Persönlichkeitsaspekten aber eben nicht. Eltern müssen ihren Kindern dann die Erlaubnis geben, anders zu fühlen, anders zu denken und anders zu handeln, als sie selbst das tun oder getan haben. Und sie sollten ihnen auch die Erlaubnis geben, sich anders zu entwickeln, als wir uns das insgeheim wünschen. Eine Mutter, die sich immer eine kleine Primaballerina gewünscht hat, aber mittlerweile merkt, dass ihre Tochter kein Interesse an Ballett hat, sondern lieber Fußball spielt, muss sich von diesem

Wunsch verabschieden. Ebenso wie ein Vater, der sich immer einen sportlichen Kerl als Sohn gewünscht hat, nun aber einen zarten, bebrillten Juniorwissenschaftler im Kinderzimmer vorfindet.

2. *»Ich kenne mein Kind nicht in- und auswendig. Ich muss immer wieder neu versuchen, es zu verstehen.«*
   Eltern sollten nicht davon ausgehen, dass sie ihr Kind schon in- und auswendig kennen. Allzu oft sehen Eltern in ihrem Kind nur das, was sie sehen wollen – etwa die entzückende, friedfertige kleine Prinzessin, die niemandem etwas zuleide tun kann. Etwaige aggressive Impulse (die jedes Kind hat!) werden dann vehement geleugnet (»Was? Unsere Gina? Das kann nicht sein. Niemals würde sie ein anderes Kind treten!«). Oder Eltern legen umgekehrt ihr Hauptaugenmerk auf das, was sie als negativ erleben: »Der Max ist unglaublich frech und faul. Schlimm ist das!«
   Auch projizieren Eltern viele ihrer eigenen Empfindungen auf das Kind: So unterstellen sie ihm eventuell aggressive Absichten, weil sie selbst wütend sind, diese Wut aber leugnen und unterdrücken.
   Damit es hier möglichst wenige Verwicklungen und einseitige Sichtweisen auf den Sohn oder die Tochter gibt, ist es wichtig, das Kind immer wieder neu zu betrachten: so, als sähe man es zum ersten Mal oder kenne es noch gar nicht. Zumal es sich ja auch entwickelt und ständig verändert. Festschreibende Sätze wie: »Es ist nun mal ein Stier und wird immer stur bleiben«, sind eher hinderlich als förderlich. Wenn Sie Ihr Kind hingegen immer wieder bewusst wahrnehmen, werden Sie erkennen, wie viele Facetten seine Persönlichkeit hat. Ein Kind ist niemals nur »gut« oder »böse«, nur »lieb« oder nur »frech«. Je differenzierter Ihr Blick auf das Kind ist, desto eher wird es sich wahrgenommen und gesehen fühlen.

3. *»Manchmal verstehe ich mein Kind nicht auf Anhieb. Dann muss ich eine etwas distanziertere Sichtweise einnehmen.«*
Eltern sollten auch nicht davon ausgehen, dass sie das Verhalten ihres Kindes immer sofort und intuitiv richtig verstehen. Manchmal ist das zwar so, aber in anderen Situationen liegen Eltern auch mal ziemlich daneben. Das ist keine Schande, sondern liegt in der Natur der Sache: Wir sind oft emotional zu dicht an den Kindern dran, als dass wir eine distanzierte Perspektive einnehmen und das große Ganze sehen könnten. Allzu schnell sind Mütter und Väter dabei, das Verhalten des Kindes entweder zu rechtfertigen: »Sophia hat sich nur gewehrt. Das wird sie ja noch dürfen!«, oder ihm aber eine bestimmte Absicht unterzujubeln: »Der will uns einfach nur ärgern. Das macht ihm wohl Spaß!«
Es ist daher sinnvoll, sich mit Interpretationen eines bestimmten kindlichen Verhaltens erst einmal zurückzuhalten. Üben Sie sich also darin, eine Situation erst einmal auf sich wirken zu lassen, bevor Sie über das Verhalten Ihres Kindes ein Urteil fällen. Meistens ist es ohnehin gar nicht nötig, ein Urteil zu fällen. (Mehr dazu lesen Sie im nächsten Kapitel über Achtsamkeit und Annahme.)

4. *»Ich bin ich. Und mein Kind ist mein Kind. Ich passe auf, dass sich unsere Gefühle nicht vermischen.«*
Eltern sollten auf eine positive Weise abgegrenzt sein. Das bedeutet, dass sie möglichst gut über sich selbst Bescheid wissen sollten. Je besser sich Eltern selbst kennen, desto leichter wird es ihnen fallen, das Kind nicht in eigene Probleme, Ängste und Sorgen zu verwickeln. Es wird dann nicht benutzt, etwa um das eigene Selbstwertgefühl zu erhöhen, sondern darf einfach ein ganz normales Kind sein. Besonders Eltern, die bei der Erziehung ihres Kindes immer wieder an ihre Grenzen stoßen, sei an dieser Stelle Selbsterfahrung, Achtsamkeitsmeditation oder Psychotherapie empfohlen. Probleme mit den Kindern spiegeln nämlich nicht selten die persönlichen Prob-

leme der Eltern wider – auch wenn man das selbst meistens gar nicht so erlebt.
Gut abgegrenzt zu sein bedeutet auch, gleichermaßen bei sich selbst wie auch bei dem Kind sein zu können. So könnten gut abgegrenzte Eltern sagen: »Mein Kind ist gerade traurig. Das berührt mich, ich bin aber nicht traurig«, oder: »Mein Kind ist traurig. Mit seiner Traurigkeit berührt es meine eigene Traurigkeit. Ich kann das aber voneinander trennen und meine Traurigkeit etwas zurückstellen.« Weniger gut abgegrenzte Eltern hingegen neigen dazu, in heftiges Mitleid zu verfallen oder die Gefühle des Kindes gleich zu übernehmen. Das kann für Kinder zur Belastung werden: »Wenn ich traurig bin, ist Mama auch traurig. Da ich aber Mama nicht traurig machen möchte, darf ich jetzt auch nicht mehr traurig sein.« So fangen sensible Kinder an, sich Gefühle zu untersagen, um die Eltern zu schonen und zu schützen. Sie spielen dann hinfort den fröhlichen Sonnenschein, der immer für gute Stimmung sorgen muss. Das ist für Kinder eine sehr anstrengende Angelegenheit, die ihrer psychosozialen Entwicklung schaden kann.

5. *»Mein Kind darf alle Gefühle haben. Ich helfe ihm dabei, sie zu spüren und sie zu regulieren.«*
Empathische Eltern haben keine Angst vor Gefühlen. Sie können so ihren Kindern erlauben, Gefühle zu haben, und zwar auch solche, die man gemeinhin als »negative Gefühle« bezeichnet. Genau genommen handelt es sich jedoch bei Ärger, Wut und Traurigkeit nicht um negative Gefühle, sondern einfach um Gefühle, die wir in der Regel als unangenehm erleben und daher nicht haben wollen. Sie kommen aber im Leben oft vor und haben ebenso wie Freude ihre Berechtigung. Empathische Eltern können mit den Gefühlen des Kindes angemessen umgehen und ihnen beibringen, diese immer besser zu regulieren.

6. *»Ich nehme mein Kind an, so wie es gerade ist.«*
Ein Kind empathisch zu erziehen, bedeutet auch, das Kind in seiner Einzigartigkeit zu sehen und ganz und gar anzunehmen. »Ich sehe dich und nehme dich so an, wie du gerade bist«, wäre die Botschaft eines empathischen Elternteils an das Kind. Realistischerweise hieße sie allerdings wohl meistens: »Ich versuche, dich zu sehen, wie du bist, und nehme dich so an, wie du gerade bist.« Denn auch den empathischsten und liebevollsten Eltern wird es nicht immer gelingen, ihr Kind zu sehen und zu verstehen. Das ist auch nicht nötig. Es reicht völlig, wenn sich das Kind überwiegend vollkommen gesehen und angenommen fühlt. Ein Kind in seiner Einzigartigkeit anzunehmen, heißt natürlich nicht, all seine Verhaltensweisen gut zu finden oder zu tolerieren und hat mit Gleichgültigkeit, Desinteresse oder einer Laissez-faire-Haltung nichts zu tun. (Mehr dazu im nächsten Kapitel.)

7. *»Ich nehme Anteil am Leben meines Kindes und freue mich über seine Erfolge.«*
Empathische Eltern nehmen Anteil am Leben des Kindes und freuen sich mit ihm über seine Erfolge und Fortschritte. Damit ist nicht gemeint, dass Eltern immer stolz auf ihr Kind sein sollten. Allzu viel elterlicher Stolz auf die Leistungen des Kindes ist ohnehin etwas ganz anderes als Anteilnahme und sollte stets kritisch überprüft werden. Eltern, die auf besondere Leistungen ihres Kindes stolz sind, nehmen ihrem Kind die eigene Freude und den eigenen Stolz auf seine Leistung oft weg. Das ist schade, denn eigentlich kann ja nur derjenige auf sich und seine Leistung stolz sein, der die Leistung auch erbracht hat. Ein besonders stolzer Elternteil signalisiert viel eher: »Schaut her, was für ein prächtiges Kind ich habe. Bin ich nicht eine tolle Mutter / ein toller Vater?« Für Kinder kann das unangenehm werden. Es setzt sie außerdem unter Druck, von nun an immer die Eltern stolz machen zu müssen. Viel schöner als: »Das hast du so toll gemacht, ich bin wahnsinnig

stolz auf dich!«, ist es, wenn Eltern sagen: »Das hast du toll gemacht, ich freue mich sehr für dich. Du kannst sehr stolz auf dich sein!«

So üben Sie den empathischen Umgang mit Ihrem Kind

- *Beobachten Sie Ihr Kind gelegentlich, und zwar ohne es zu beurteilen.* Nehmen Sie einfach nur wahr:
  - Was tut es gerade, wie bewegt es sich, wofür interessiert es sich?
  - Welche Spiele spielt es besonders häufig?
  - Um welche Themen ranken sich seine Spiele?
  - Welche Gedanken machen ihm Angst?

  Auch wenn der Alltag manchmal stressig ist und für Muße und Ruhe wenig Zeit bleibt, so ist es doch hin und wieder wichtig, einfach nur bewusst hinzuschauen.

  Beobachten Sie auch, welche Gefühle bei Ihnen hochkommen:
  - Sind Sie gerührt von Ihrem Kind?
  - Was bewegt Sie besonders?
  - Gibt es auch etwas, das Sie stört?

  Lassen Sie diese Eindrücke einfach kommen, ohne etwas daran ändern zu wollen. Sie werden vielleicht einiges über die Beziehung zu Ihrem Kind lernen. Und über sich. Sollten Sie sich etwa über seinen »Egoismus« ärgern, dann fragen Sie sich doch einfach mal, wie es um Ihren eigenen Egoismus steht. Nehmen Sie Ihre Bedürfnisse und Wünsche ernst genug oder stecken Sie dauernd zurück? Oder wenn Ihnen die Wutanfälle Ihres Kindes auf die Nerven gehen, dann fragen Sie sich, wie Sie mit Ihrer eigenen Wut umgehen. Verbieten Sie sich Wut und Zorn? Indem wir uns Gedanken über unsere Reaktionen auf das Kind machen, können wir sehr viel über uns selbst lernen.
- *Hören Sie Ihrem Kind gut zu, wenn es Ihnen etwas mitteilt.* Manche Infos werden in der Hektik des Alltags leider unter-

gehen, vor allem, wenn es Ihnen nicht so wichtig erscheint, was Ihr Kind im Kindergarten nun gemalt oder welches Kind seinen Turm umgeworfen hat. Im Alltag kommt so etwas natürlich immer mal wieder vor. Hin und wieder – und möglichst regelmäßig – sollte Ihr Kind jedoch Zeit und Raum bekommen, etwas von sich zu erzählen. Das kann etwa abends vor dem Schlafengehen sein. Oder wenn es in der Badewanne sitzt. Oder natürlich beim Abendessen. Ihr Kind merkt übrigens sehr genau, ob Sie ihm konzentriert zuhören oder ob Sie mit den Gedanken schon wieder ganz woanders sind. Dann ist es hilfreich, das klar zu kommunizieren: »Ich finde das sehr spannend, was du mir erzählst, aber ich bin gerade echt zu müde, um das zu verstehen. Wollen wir morgen darüber reden?«

Zum richtigen Zuhören gehört auch, die passenden Rückmeldungen zu senden, wie etwa mit dem Kopf zu nicken oder »Aha« zu sagen. Auch Rückfragen zeigen dem Kind, dass Sie ganz und gar bei der Sache sind. Das stärkt nicht nur Ihre Beziehung, sondern auch sein positives Selbstbild. (»Papa findet es spannend, was ich erzähle. Dann bin ich wohl auch interessant!«) Wenn Sie nicht sicher sind, ob Sie Ihr Kind richtig verstanden haben, dann fragen Sie nach: »Habe ich das richtig verstanden: Dann ist der Marco gekommen und hat dir das Auto weggenommen?«

Gute und empathische Gespräche mit Kindern zeichnen sich dadurch aus, dass das Kind sich ernst genommen fühlt und nicht ständig belehrt oder korrigiert wird. Gespräche mit Kindern sollten auch unbedingt ergebnisoffen geführt werden. Ansonsten sind es keine Gespräche, sondern Elternmonologe oder Ausfragesituationen.

- *Versuchen Sie, auch in hektischen Situationen möglichst feinfühlig mit Ihrem Kind umzugehen.* Dazu gehört, seine aktuelle Stimmung zu erspüren und diese aufzugreifen – selbst dann, wenn man gerade keine Zeit hat, sich intensiv um das Kind zu kümmern. Sitzt es also gerade traurig im Auto, übergehen

Sie dieses Gefühl nicht einfach, sondern nehmen Sie es kurz in den Arm oder sagen Sie, was Sie wahrnehmen: »Ach je, jetzt bist du ganz traurig und ich habe gar keine Zeit, mit dir darüber zu sprechen. Komm her, ich gebe dir aber einen dicken Kuss, und wir reden später darüber, ja? Vielleicht hilft dir aber auch die Erzieherin? Sie kann dich vielleicht auch trösten?« Das ist insofern wichtig, als das Kind sich in seiner Stimmung wahrgenommen fühlt – trotz aller Hektik. Die Erkenntnis »Mama sieht, wie es mir geht« ist in einem solchen Moment besser als »Mama hat keine Zeit und übergeht meine Gefühle«. Wichtig ist aber, das Thema dann auch später wirklich anzuschneiden.

- *Nehmen Sie Ängste, Kummer und Sorgen Ihres Kindes immer ernst.* Auch wenn Ihnen manche kindliche Reaktion übertrieben oder unverständlich vorkommt: Ihr Kind wird einen Grund für seine Gefühle haben, ob wir diesen nun kennen oder nicht. Spielen Sie seine Nöte nicht herunter und machen Sie sich auch nie darüber lustig. Hilfreich sind fast immer liebevoller Körperkontakt und akzeptierende, beruhigende Worte: »Oh, du bist jetzt ganz schön traurig, stimmt's?« Reagieren Sie auch gelassen, wenn sich Ihr Kind manches einfach noch nicht traut oder insgesamt eher zurückhaltend ist. Es zögert noch, beim Sportkurs mitzumachen, oder will während der ersten Schwimmstunde nur zuschauen? Dann lassen Sie das einfach mal so stehen, statt ihm eine Moralpredigt darüber zu halten, dass es doch jetzt aber bitte mutig sein sollte. Es wird sich dadurch nur schlecht und unter Druck gesetzt fühlen. Mit ein bisschen Geduld und Verständnis jedoch könnte es gut sein, dass es sich beim nächsten Mal dann etwas mehr traut.
- *Halten Sie sich mit Interpretationen und Bewertungen möglichst zurück.* Vor allem, wenn es um Verhaltensweisen Ihres Kindes geht, sollten Sie zunächst einmal innehalten, statt sofort ein Urteil zu fällen. Oft werden wir den Kindern mit solchen Schnellschüssen nicht gerecht. Ihr Kind hat ein anderes Kind

geschubst? Dann hören Sie sich zunächst an, was es dazu zu berichten hat, statt voreilig mit ihm zu schimpfen.
Aber auch in Bezug auf Bastelarbeiten oder andere kreative Produkte könnten wir uns mit Beurteilungen durchaus gelegentlich zurückhalten. Zeigen Sie sich interessiert an den Gedankengängen, die Ihr Kind mit dem Produkt seiner Kreativität verbindet. Ihr Kind hat ein Bild gemalt? Dann lassen Sie sich das lieber zeigen und erklären, statt einfach zu sagen: »Das ist aber schön!« Oder: »Das sieht aber düster aus!« Sie werden so viel mehr von Ihrem Kind erfahren und trimmen Ihr Kind nicht unbewusst darauf, schöne, lustige oder bunte Bilder produzieren zu müssen.

- *Achten Sie auch öfter mal auf die Körpersprache Ihres Kindes.* Manche Kinder sprechen nicht so gerne, und schon gar nicht über Gefühle. Oder sie können das einfach noch nicht so gut. Dann ist es unter Umständen hilfreich, einfach mal zu beobachten, welche Signale sein Körper sendet. Springt es lebhaft und fröhlich herum? Ist es öfter auf- oder überdreht? Oder sieht es öfter schlapp und traurig aus? Achten Sie auch auf widersprüchliche Botschaften: Sagt es, alles sei gut, sieht aber ganz unglücklich dabei aus? All diese Beobachtungen schärfen die Sinne und helfen uns dabei, ein Kind besser zu verstehen und eine vertiefte Beziehung zu ihm herzustellen.
- *Versuchen Sie, sich in Ihr Kind hineinzuversetzen.* Dazu muss man in der Lage sein, einen Perspektivwechsel vorzunehmen. Das gelingt uns leicht, wenn uns das Kind gerade nah ist oder wir seinen Kummer auf Anhieb sehr gut verstehen. Ist es aber gerade wütend und wir finden es gerade sehr anstrengend, fällt uns das oft sehr viel schwerer. Aber gerade in solchen Situationen ist das Kind auf unser Verständnis, auf unsere empathischen Fähigkeiten angewiesen. Es hilft ihm nicht, mit seiner Wut oder seinem Ärger umzugehen, wenn es ausgeschimpft oder ignoriert wird. Allein elterliches Verständnis kann ihm helfen, sein Problem auf eine konstruktive Art zu lösen.

Wenn Sie also demnächst eine Auseinandersetzung mit Ihrem Kind haben oder es aus einem anderen Grund dann traurig oder ärgerlich ist, dann versuchen Sie einfach mal, sich in seine Lage hineinzuversetzen: Wären Sie vielleicht auch wütend? Was würden Sie fühlen? Und was glauben Sie, was Ihr Kind jetzt fühlt? Und dann sagen Sie ihm, was Sie vermuten: »Ich glaube, du bist jetzt sehr ärgerlich, weil du nicht mehr länger Fernsehen schauen darfst. Ich wäre das wahrscheinlich an deiner Stelle auch.« Natürlich heißt das nicht, dass Sie jetzt zurückrudern müssen, um dem Kind den Ärger wieder zu nehmen. So könnten Sie etwa ergänzen: »Ich verstehe, dass du das jetzt doof von mir findest. Trotzdem möchte ich, dass du dich jetzt bettfertig machst. Es wird Zeit!« Vielleicht ist Ihr Kind dann immer noch grummelig, aber es wird wenigstens gemerkt haben, dass es diesen Ärger auch spüren darf. Und das ist für seine Entwicklung von ganz besonderer Bedeutung! Viele spätere psychische Störungen wie etwa Depressionen oder Angststörungen resultieren daraus, dass Menschen bereits in früher Kindheit beigebracht bekommen haben, bestimmte Gefühle und Impulse nicht spüren zu dürfen. Diese Impulse und Gefühle sind aber trotzdem da, werden nur ständig per Abwehrmechanismen ins Unbewusste verfrachtet. Das kostet den Organismus eine Menge Kraft, die ihm nicht mehr als Lebensenergie zu Verfügung steht. Kummer oder Krankheiten können die Folge sein. Daher ist es so wichtig, dass Kinder ihre Gefühle spüren dürfen sollten.

- *Beachten Sie, dass eine empathische Erziehung auch eine bedürfnisorientierte Erziehung ist.* Das heißt, dass empathische Eltern sich bemühen, die Bedürfnisse des Kindes zu erkennen und auf diese einzugehen. Nach den existenziellen Bedürfnissen nach Essen, Trinken, Versorgung etc. ist es besonders das Bedürfnis nach Nähe, Verbundenheit, Zärtlichkeit, Körperkontakt und Verlässlichkeit, das unbedingt befriedigt werden muss. Dabei ist zu berücksichtigen, dass Vier- bis Sechsjährige oft schon selber gut wissen, wann sie wie viel Körperkontakt

und Kuscheleinheiten brauchen. Eltern sollten auf diese Signale feinfühlig eingehen und so oft es geht als »emotionale Tankstelle« zur Verfügung stehen.
Aber auch die bereits erwähnten Autonomiebestrebungen sind Bedürfnisse, die jetzt eine wichtige Rolle spielen und von den Eltern respektiert werden müssen, ebenso wie alle anderen Bedürfnisse, die ihren Entwicklungsschritten entsprechen (siehe Kapitel 3). Abzugrenzen von diesen Bedürfnissen sind allerdings Wünsche materieller Art oder die Lust auf Süßigkeiten oder Vergnügungen wie etwa Fernsehen schauen oder auf dem Tablet spielen. Hier müssen Eltern eigene Maßstäbe entwickeln und diese deutlich kommunizieren. Klar ist jedoch: Ein Kind im Kindergartenalter ist nicht in der Lage, Risiken und Nebenwirkungen von zu viel Schokolade, Limonade oder Fast Food einzuschätzen. Ebenso wenig kann es entscheiden, wie lange es am Tag mit den digitalen Medien verbringen sollte. Hier müssen Eltern klare erzieherische Rahmenbedingungen schaffen, die ein tägliches Diskutieren überflüssig machen.

5. Annahme und Achtsamkeit im Familienalltag: Es ist, was es ist

Jeder Mensch hat das Bedürfnis, sich von einem oder mehreren Menschen ganz und gar angenommen zu fühlen, zumindest gelegentlich. Jeder Erwachsene freut sich zutiefst über das Gefühl, um seiner selbst willen gemocht oder sogar geliebt zu werden. Es zeigt uns, dass wir gut oder zumindest gut genug sind, so wie wir sind. Und dass wir ganz wir selbst sein dürfen, auch wenn wir – wie alle anderen Menschen auch – in vielerlei Hinsicht unzulänglich und unperfekt sind.

Besonders kleine Kinder sind jedoch auf diese bedingungslose elterliche Annahme angewiesen. Säuglinge und Kleinkinder sind von ihren Eltern (oder anderen Pflegepersonen) in existenzieller Weise abhängig. Sie brauchen nicht nur jemanden, der sie versorgt, füttert und wickelt. Sie brauchen jemanden, der bereit und in der Lage ist, mit ihnen eine tiefe emotionale und stabile Bindung aufzubauen, jemanden, der für sie da ist, ganz gleich, ob sie nun gerade süß lächeln oder verzweifelt schreien. Ein Baby braucht jemanden, der es auf dieser Welt willkommen heißt und der seine Bedürfnisse nach Nahrung, Zuwendung, Ansprache, Zärtlichkeit etc. befriedigt, ohne dabei Ansprüche oder Bedingungen zu stellen.

Vielen Eltern gelingt es spontan und problemlos, ihren Säugling liebevoll und bedingungslos anzunehmen. Sie tragen ihn nachts herum, wenn er nicht schlafen kann oder sich einsam zu fühlen scheint. Sie geben ihm Nahrung, wenn er Hunger hat, und trösten ihn, wenn er Bauchweh hat. Besonders in den ersten Wochen erwarten Eltern wenig von ihrem Baby. Alles dreht sich um den neuen Erdenbürger und seine Bedürfnisse. Viele Eltern nehmen diese Arbeit gerne auf sich, weil sie ihr Kind lieben und ganz beglückt von seiner Anwesenheit sind. Auch wenn diese

Zeit anstrengend ist und oft mit Schlafmangel einhergeht: Fast alle Eltern schaffen es, in dieser Phase eine liebevolle und zärtliche Beziehung zu ihrem Kind aufzubauen. Und weil Eltern sich so bedingungslos um ihr Baby kümmern und dafür keine Gegenleistung erwarten, desto mehr freuen sie sich dann über Babys erstes Lächeln: Es erscheint ihnen wie eine Belohnung der vielen Mühen, die sie für die Versorgung des Kindes auf sich nahmen und weiterhin nehmen.

Problematischer wird es jedoch oft, wenn der Nachwuchs größer wird. Die Erwartungen an das Kind steigen nun. Viele Eltern entwickeln relativ klare Vorstellungen davon, was ein Kind wann können sollte – auch wenn diese manchmal unrealistisch sind. So meinen Eltern, ihr Sohn oder ihre Tochter müsse zu einem bestimmten Zeitpunkt endlich im eigenen Bettchen durchschlafen können oder »trocken« sein, weil das in einem bestimmten Ratgeber so geschrieben steht oder das Nachbarskind das ja auch schon kann. Unmerklich beginnen Eltern dann, Erwartungen zu entwickeln und (auch unausgesprochene) Ansprüche an das Kind zu stellen. Solange es in der Lage ist, diese Erwartungen zu erfüllen, werden die Eltern natürlich sehr zufrieden sein.

Problematisch wird es jedoch, wenn das Kind aus irgendwelchen Gründen die Erwartungen der Eltern nicht oder nur unzureichend erfüllt. Entweder weil es psychisch-emotional noch nicht dazu in der Lage und daher überfordert ist, oder weil es gar nicht so recht weiß, was von ihm eigentlich genau erwartet wird, etwa weil die Forderungen diffus, widersprüchlich, unausgesprochen oder uneindeutig sind. Oder weil es schlicht nicht weiß, was es tun muss, um die Erwartungen zu erfüllen. Manchmal verweigert sich ein Kind auch, etwa wenn Eltern versuchen, etwas gegen seinen Willen durchzusetzen. Für gewöhnlich ist ein vier- bis sechsjähriges Kind, das seinen Eltern vertraut und mit ihnen gute Bindungserfahrungen gemacht hat, prinzipiell gewillt, ihre Regeln zu befolgen. Ein Kind dieses Alters geht davon aus, dass der Erwachsene es gut mit ihm meint, selbst wenn es etwas verboten bekommt. Dieses Vertrauen in die Gutmütigkeit und Verlässlichkeit der Eltern macht es einem Kind leicht, die Anweisungen der Eltern zu akzeptieren und zu befolgen.

Wichtig dafür ist allerdings, dass das Kind besonders in der sogenannten »analen Phase«, also im Alter zwischen zwei und vier Jahren, gelernt hat, dass es auch wütend und ärgerlich sein darf, ohne dass ihm dadurch die Liebe der Eltern abhandenkommt. Die Erkenntnis »Ich werde auch dann noch von meinen Eltern geliebt, wenn ich mal nicht lieb und süß bin« prägt das Selbstbild des Kindes stark und beeinflusst die (spätere) Bindungsfähigkeit. Es fühlt sich ganz angenommen, mit all seinen »guten« und »schlechten« Seiten. Es leidet nicht unter Verlustängsten, fühlt sich sicher an die Eltern gebunden und kann sich gut entwickeln.

Kein Kind möchte seine Eltern enttäuschen. Es ist ja auf ihre Bestätigung und Zuwendung angewiesen. Ein Kind wird sich also immer bemühen, es den Eltern recht zu machen, ihnen zu gefallen und sie zu zufriedenzustellen. Und dennoch wird es zwangsläufig passieren, dass dem Kind das nicht gelingt. Da hat es aus Versehen in die Hose gemacht, obwohl es schon eigentlich trocken war. Oder es kann schlecht einschlafen. Oder es gerät mit anderen Kindern immer wieder aneinander.

Reagieren die Eltern dann abweisend, schimpfen sie oder bestrafen sie es sogar für sein Verhalten, dann nimmt seine Seele Schaden. Es wird aus den heftigen Reaktionen seiner Eltern schlussfolgern, dass es nicht »versagen« darf, es wird sich vielleicht als böse und unzulänglich erleben. Es lernt, dass es Mama und Papa nicht enttäuschen darf. Daher sollten Eltern sich klarmachen, dass Kinder sie so gut wie nie absichtsvoll und aus niederen Beweggründen heraus ärgern. Und Eltern müssen lernen, feinfühlig mit einem Kind umzugehen, das sich gerade aus irgendeinem Grunde nicht so verhalten kann, wie sie es gerne hätten.

Ein Klassiker unter allen Eltern-Kind-Konflikten ist ja, wenn Kinder nicht »gehorchen«, also nicht das tun, was die Eltern von ihnen verlangen. Viele Eltern fühlen sich dann brüskiert, sie werden wütend oder ärgerlich. Das ist durchaus verständlich, weil es ja nun einfach praktisch ist, wenn das Kind immer das tut, was man ihm vorschreibt. Eltern sollten sich aber klarmachen, dass Vorschulkinder natürlich schon ihre eigenen Interessen und Ideen haben, die mit den Vorgaben der Eltern nun mal öfter leider nicht übereinstimmen. Wenn ein Kind nicht »gehorcht«, also den Anweisungen der Eltern nicht oder nicht sofort Folge leistet, handelt es sich meistens nicht wie vermutet um reine Bockigkeit. Sondern schlicht und einfach um einen Interessenskonflikt. Ist das Kind z. B. gerade in ein megaspannendes Spiel vertieft, wenn die Eltern es zum Essen rufen, und es spurt daher nicht sofort, dann liegt es vermutlich nicht daran, dass das Kind die Eltern nicht respektiert, sondern daran, dass es sich von seinem Spiel gerade ganz schlecht losreißen kann. In solchen Situationen sind elterliche Geduld und Klarheit gefordert: »Ich verstehe ja, dass du noch weiterspielen möchtest, aber wenn du nicht kommst, wird das Essen kalt. Also komm jetzt bitte! Nachher kannst du noch eine Viertelstunde weiterspielen!« Eltern tun auch gut daran, das Kind vorher schon einmal darauf vorzubereiten, dass es sein Spiel bald wegen des Abendessens beenden muss.

Annahme: Die innere Haltung macht's

Wenn Eltern mit ihren Kindern weniger Stress haben wollen und einen erzieherischen Weg suchen, der jenseits von Schimpfen und Strafen liegt, tun sie gut daran, sich eine annehmende Grundhaltung zuzulegen. Dazu brauchen sie nur die Bereitschaft, etwas an sich zu arbeiten und die eine oder andere Gewohnheit abzulegen.

Eine annehmende Grundhaltung ist eine durchweg positive: Sie ist akzeptierend, menschenfreundlich und wohlwollend. Und genau diesen Blick brauchen Kinder, um gesund aufzuwachsen, sich gut zu entwickeln und fröhlich die Welt erkunden zu können. Kinder, die sich grundsätzlich in ihrer ganzen Wesenhaftigkeit angenommen fühlen, entwickeln ein gutes Selbstwertgefühl.

Auch bilden sie eine große seelische Widerstandskraft (Resilienz) aus, die ihnen später dabei hilft, schwierige oder krisenhafte Erlebnisse zu meistern.

Ein Kind anzunehmen ist natürlich leicht, wenn es gerade besonders fröhlich oder lustig ist. Ein Kind, das lieb und brav ist und uns durch sein Wohlverhalten spiegelt, dass wir gute Eltern sind, tut unserem Ego gut. Es von ganzem Herzen lieb zu haben, bedarf daher keiner großen Kraftanstrengung. Die Kunst der Erziehung besteht aber gerade darin, ein Kind auch dann anzunehmen, wenn es sich »stur« oder »widerborstig« zeigt, wenn es uns Kopfzerbrechen bereitet oder wir sein Verhalten schlicht nicht nachvollziehen können. Und das sind letztlich auch die Situationen, in denen die Kinder unseren wohlwollenden Blick besonders brauchen: Wenn es ihnen selbst nicht gut geht, wenn sie mit sich oder der Welt nicht im Reinen sind oder sich mit inneren Konflikten herumquälen, die wir von außen meistens gar nicht erkennen können. Doch auch ein »problematisches« Kind anzunehmen ist letztlich recht einfach. Zumindest, wenn man als Erwachsener gewillt ist, einmal eine andere, möglicherweise ungewohnte Sichtweise dem Kind gegenüber einzunehmen.

Denn das eigene Kind anzunehmen, heißt letztlich nur, es einfach so zu sehen, wie es gerade ist, ohne es verändern zu wollen. Eine annehmende Haltung würde dann etwa lauten: »Ich sehe, dass mein Kind wütend ist, und ich nehme es mit all seiner Wut von ganzem Herzen an.« Oder: »Mein Kind ist zurzeit traurig. Ich nehme es mit seiner Trauer an.« Oder aber: »Mein Kind ist schlecht gelaunt und ich liebe es.« Wenn Sie diese Sätze gründlich gelesen haben, wird Ihnen aufgefallen sein, dass es hier kein »trotzdem« und kein »aber« gibt. Das ist kein Zufall. Denn die annehmende Grundhaltung stellt keine Bedingungen. Wir nehmen das Kind nicht an, *obwohl* es traurig, wütend oder ärgerlich ist, sondern wir nehmen es *mit* all diesen Gefühlen an. Wir lieben es nicht, *obwohl* es schlecht gelaunt ist, sondern wir lieben es *mit* dieser schlechten Laune. Es gibt kein »aber«, sondern nur ein »und«. Das ist ein gravierender Unterschied, der entsteht, wenn wir aufhören, bestimmte Gefühle und kindliche Verhaltensweisen als »schlecht« zu bewerten und unterbinden zu wollen.

Eine annehmende Haltung ist mit ein bisschen Geduld erlernbar. Wenn Eltern die Beziehung zu ihrem Kind verbessern und auf das Schimpfen verzichten wollen, lohnt es sich auf jeden Fall, sich täglich in Annahme zu üben. Das Kind wird dann rasch lernen, dass es okay ist, die Gefühle zu haben, die es nun mal hat. Dann muss es diese nicht verdrängen, sondern kann lernen, angemessen damit umzugehen. Es wird sich geliebt und vor allem respektiert fühlen. Und dann im Gegenzug auch wieder eher gewillt sein, den Eltern zu folgen und ihnen zu vertrauen.

Doch nicht nur das Kind wird von einer annehmenden Grundhaltung der Eltern profitieren. Auch für Eltern verändert sich dadurch einiges: Sie macht den elterlichen Kampf gegen die Gefühle des Kindes überflüssig. Wir arbeiten dann nicht mehr *gegen* das Kind und seine Gefühle, sondern wir arbeiten mit ihm zusammen. Und das fühlt sich nicht nur besser an, sondern macht Erziehung auch leichter, befriedigender und effektiver.

Übung: Selbstreflexion

Wenn wir uns in Annahme üben wollen, müssen wir uns hin und wieder selbst reflektieren. Folgende Fragen könnten dabei hilfreich sein:

- Wann fällt es mir schwer, mein Kind anzunehmen, wie es ist?
- Welches Verhalten meines Kindes bekämpfe ich oft?
- Welche Gefühle meines Kindes kann ich ganz schlecht aushalten?
- Was genau stört mich daran?
- Warum berührt mich sein Verhalten/diese Gefühlslage so unangenehm?
- Was hindert mich daran, einfach zu sagen: »Na gut, dann fühlt es sich eben gerade so«?

- Wie würde es sich anfühlen, wenn ich nicht gegen dieses Verhalten/diese Stimmungslage meines Kindes ankämpfen würde?

Übung: Das Kind mit seinem Ärger annehmen

Probieren Sie bei der nächsten Gelegenheit mal aus, Ihr Kind einfach anzunehmen, wie es ist, z.B. wenn Ihr Kind das nächste Mal sauer ist.

- Dann prüfen Sie Ihre innere Haltung: Was fühlen Sie?
  - Ist es für Sie okay, dass Ihr Kind sauer ist?
  - Oder werden Sie auch sauer? Oder traurig?
- Spüren Sie, welche Impulse kommen:
  - Wollen Sie schimpfen?
  - Oder weggehen?
  - Oder ihm sagen, dass es jetzt nicht sauer sein sollte?

  Geben Sie diesen Impulsen nicht nach. Sondern atmen Sie ein paar Mal ruhig ein und aus und sagen Sie sich bewusst: »Es ist okay, dass mein Kind sich gerade so fühlt. Es darf sauer sein.« Prüfen Sie, ob sich der Satz für Sie richtig anfühlt. Wenn nicht, modifizieren Sie ihn vorsichtig, bis er passt. Natürlich sollte er trotzdem eine annehmende Haltung ausdrücken.
- Beobachten Sie, ob sich in Ihrer inneren Einstellung etwas ändert. Wenn ja, was geschieht?

Wichtig ist allerdings, dass Sie nicht in ein trotziges »Soll es doch sauer sein, mir doch egal!« verfallen. Das hat mit Annahme nichts zu tun, sondern ist eine reine Abwehrhaltung und wird von dem Kind als eine Art Liebesentzug erlebt.

Auch Selbstannahme kann entlastend sein

Haben Sie es schon mal mit der Selbstannahme probiert? Bestimmt. Auch hier gilt: Sie fällt uns leicht, wenn wir mit uns zufrieden sind, wenn wir unseren eigenen Erwartungen entsprechen und unsere Ziele erreicht haben. Schwieriger wird es, wenn wir unzufrieden mit uns sind, wenn wir Seiten an uns entdecken, die wir nicht mögen, oder wenn wir etwas fühlen, was wir nicht fühlen möchten. In all diesen Situationen lehnen wir bestimmte Teile unseres Selbst ab und bekämpfen sie. Ebenso wie wir bestimmte Verhaltensweisen unserer Kinder ablehnen und nicht wahrhaben wollen, lehnen wir dann auch bestimmte eigene Persönlichkeitsanteile ab.

Auch hier kann Selbstannahme kleine Wunder wirken. Sich selbst anzunehmen, mit all den eigenen Fehlern und Macken, die man nun mal hat, kann sehr heilsam und wohltuend sein. Auch auf das Familienleben kann es einen wunderbaren Effekt haben, wenn wir uns selbst mit mehr Verständnis und Akzeptanz begegnen. Wir werden dann leichter, zufriedener, zugänglicher. Viele psychotherapeutische Prozesse können beispielsweise erst beginnen, wenn die Klienten ihr Leiden oder ihren Kummer nicht mehr leugnen, sondern ihn als Teil ihrer Person anerkennen und sich selbst mit diesen Problemen ganz und gar annehmen. Wenn sie sagen können: »Ja, ich habe diese und jene unangenehmen Gefühle. Ich habe sie lange nicht wahrhaben wollen, aber sie sind ja da, also lohnt es sich auch nicht, sie ständig zu verdrängen.« Erst dann können sie ihre Probleme bearbeiten. Klingt merkwürdig? Dann hilft nur eins: Probieren Sie es doch mal aus mit der Selbstannahme!

☺ Übung: Sich angenommen fühlen

Überlegen Sie:

- Haben Sie sich schon einmal von jemandem voll und ganz angenommen gefühlt?
- Wie haben Sie sich dabei gefühlt?
- Wie fühlen Sie sich jetzt, wenn Sie daran denken?
- Spüren Sie dieses Gefühl auch körperlich? Ist es angenehm?

Übung: Sich selbst annehmen

Wenn Sie das nächste Mal schlecht gelaunt sind, sich über sich selbst ärgern oder unzufrieden mit sich sind, üben Sie sich in Selbstannahme. Es ist weder unserer Seele noch unserem Körper sonderlich zuträglich, wenn wir an uns selbst herumnörgeln, uns schlecht machen oder sogar mit uns selbst schimpfen. Probieren Sie es also aus:

- Atmen Sie zunächst ein paar Mal bewusst ein und aus.
- Und dann sagen Sie (am besten laut) zu sich: »Ich nehme mich an, so wie ich gerade bin. Mit all meinen Schwächen und meinem Kummer, nehme ich mich von ganzem Herzen an.«
- Lassen Sie den Satz auf sich wirken. Möglicherweise fühlt sich das noch fremd und künstlich an. Wenn Sie das aber öfter in verschiedenen Situationen wiederholen und sich von den Worten wirklich tief berühren lassen, werden Sie den Effekt bald spüren.

Übrigens: Mit der selbstgefälligen Haltung »So bin ich halt, da kann ich nichts dran ändern!« hat Selbstannahme nichts zu tun. Das ist nur Ausdruck der eigenen Bequemlichkeit, die aus dem Unwillen entsteht, an sich selbst arbeiten zu wollen. Ein trotziges »So bin ich halt« verhindert inneres Wachstum. Selbstannahme ist jedoch eine liebevolle Haltung sich selbst gegenüber, die positive Veränderung und Wachstum ermöglicht und fördert.

Durch Achtsamkeit zur Präsenz: Da sein statt nur anwesend sein

Im Kampf gegen das tägliche Schimpfen und Zetern hat sich auch die Praxis der Achtsamkeit bewährt. Achtsamkeit bezeichnet eine besondere Art der Wahrnehmung von sich selbst und der Welt, bei der nicht gewertet und nicht bewusst verändert wird. Da wir in der Regel dazu neigen, Gedanken, Gefühle und

Verhaltensweisen schnell zu beurteilen, ist die achtsame Haltung für uns zunächst sehr ungewohnt.

Das Ziel von Achtsamkeit ist, dessen, was gerade im Moment ist, gewahr zu werden. Gedanken, Gefühle, Impulse, ja, auch Schmerzen werden in einer achtsamen Grundhaltung einfach wahrgenommen, ohne sie manipulieren oder »wegmachen« zu wollen. Bei der Praxis der Achtsamkeit geht es um ein ganzheitliches Wahrnehmen seiner selbst und der Außenwelt. Das kann sowohl im Umgang mit sich selbst, in stressigen Situationen oder im Umgang mit unseren Kindern zu mehr Verständnis, Klarheit und Entspannung beitragen.

Wer sich in Achtsamkeit üben möchte, sollte mit einer kleinen täglichen Meditation beginnen. Je öfter Sie diese Meditationsübungen machen, desto leichter wird es Ihnen fallen, auch im Alltag achtsamer mit sich und Ihrem Kind umzugehen.

Übung: Achtsamkeit üben mit der Sitzmeditation

Setzen Sie sich bequem hin, entweder auf einen Stuhl oder auf den Boden auf ein Meditationskissen. Stellen Sie einen Wecker in die Nähe. Am Anfang reichen 5 Minuten aus. Achten Sie auf eine aufrechte Position, bei der Sie sich aber nicht verkrampfen sollten. Konzentrieren Sie sich einfach auf Ihren Atem: Spüren Sie, wie er ein- und ausströmt. Nehmen Sie einfach nur wahr, ohne etwas verändern zu wollen. Lassen Sie Gedanken und Gefühle kommen und gehen, ohne sie ändern zu wollen. Spüren Sie, welche Impulse kommen, gehen Sie diesen aber nicht nach. Sitzen Sie einfach fünf Minuten lang aufrecht und spüren Sie in sich hinein.

Tipp: Alternativ können Sie sich eine angeleitete Body-Scan-Meditation von Jon Kabat-Zinn auf youtube.de heraussuchen. Diese Meditation ist für Anfänger sehr geeignet und wird im Liegen durchgeführt, sie dauert allerdings etwas länger.

Übung: Achtsamkeit im Alltag verankern

Es ist ganz leicht, auch im Alltag mehr Achtsamkeit walten zu lassen. Sie müssen dafür gar nichts anderes oder Zusätzliches tun, sondern Sie machen das, was Sie ohnehin gerade tun, einfach mit einer achtsamen Haltung. Man kann sich achtsam föhnen, sich achtsam die Hände waschen, achtsam essen oder achtsam Auto fahren. Konkret heißt das: Man nimmt das, was man gerade tut, riecht, schmeckt oder fühlt einfach mit einer bestimmten, nicht wertenden Haltung ganz bewusst wahr. Mit ein bisschen Übung führt das dann dazu, dass wir auch unsere Kinder und unseren Partner achtsamer wahrnehmen. Letztlich bedeutet Achtsamkeit auch, dass wir präsenter werden. Wenn wir achtsam sind, sind wir nicht nur anwesend, sondern wirklich da.

Mit Kindern achtsam umgehen: Wahrnehmen statt schimpfen

Vor allem problematische Situationen mit Kindern kann man durch Achtsamkeit entschärfen. So kann man mit einer achtsamen Haltung ein trotziges Kind einfach mal trotzig sein lassen, ohne es dafür ausschimpfen oder bestrafen zu müssen. Oder einem traurigen Kind erlauben, traurig zu sein, ohne es damit im Stich zu lassen.

Eine achtsame Haltung ermöglicht es einem Elternteil, einem Kind auch dann liebevoll zugewandt zu begegnen, wenn es sich anders verhält, als wir gut finden. Mit einem annehmenden und achtsamen Blick können Eltern gelassener mit Konflikten umgehen.

Allerdings heißt Achtsamkeit natürlich nicht, dass Sie zusehen, wie Ihr Kind Dinge zerstört oder seinen Kopf an die Wand schlägt. Eine achtsame Haltung zu haben, bedeutet nicht, alles passiv zu erdulden. Im Gegenteil: Sie ermöglicht es Eltern, aufgelösten Kindern freundlich und beruhigend zu begegnen. Und sie erleichtert es ihnen, den Kindern dabei zu helfen, ihre heftigen

Gefühle souverän zu regulieren. So kann ein achtsam zugewandter Vater einem Kind Trost spenden, wenn es weint und schreit. Oder eine achtsam zugewandte Mutter kann die Wut eines Kindes aushalten, ohne es ausschimpfen oder gar auf die »stille Treppe« schicken zu müssen.

Eine achtsame und feinfühlige Haltung sich selbst und dem Kind gegenüber ermöglicht es Eltern auch, das kindliche Verhalten nicht als »schlecht« oder »falsch« herabzuwürdigen. Ein wütendes Kind ist ein wütendes Kind – nicht mehr und nicht weniger. Es ist kein böses oder schlechtes Kind, es hat einfach einen inneren Konflikt, den es gerade in diesem Moment alleine nicht lösen kann. Wenn wir Erwachsenen diesen inneren Konflikt erkennen und verstehen, umso besser. Dann fällt es Eltern in der Regel nicht schwer, empathisch und verständnisvoll zu reagieren.

Wenn wir das Kind aber gerade überhaupt nicht verstehen, dann ist das auch nicht weiter schlimm, denn wir können uns unserem Kind trotzdem achtsam zuwenden. Es gilt dann einfach, die Situation so anzunehmen, wie sie ist. Wie bereits gesagt, bedeutet das nicht, alles duldsam oder passiv zu ertragen. Sondern zunächst einfach nur, sich der Situation, so wie sie gerade ist, zu stellen. Das ermöglicht es, anders als gewohnt zu reagieren und konstruktive neue Wege in unserem Familienleben einzuschlagen.

Übung: Dem eigenen Kind gegenüber achtsamer werden

Üben Sie sich in der Achtsamkeit Ihrem Kind gegenüber: Beobachten Sie, was es tut, ohne sein Verhalten gleich in »gut« oder »schlecht« einzuteilen. Schauen Sie genau hin, wie es sich bewegt, was es macht, worauf es reagiert. Machen Sie sich immer wieder klar, dass es sich um eine Momentaufnahme handelt, nicht mehr, aber auch nicht weniger: Das ist mein Kind im Hier und Jetzt. Spüren Sie hin: Was löst Ihr Kind bei Ihnen aus, wenn Sie es achtsam und liebevoll annehmend (und nicht kritisch!) beobachten?

6. Anti-Schimpf-Strategien: So können Sie sich das Schimpfen sparen

Wenn Eltern weniger schimpfen wollen, dann müssen sie nicht unbedingt ihr ganzes Leben umstellen oder selbst völlig andere Menschen werden. Es geht auch nicht darum, sich eine rundum »pädagogisch wertvolle« Erziehungsweise anzueignen. Das wäre anstrengend und zudem ziemlich künstlich.

Oft genügt es, die eigene Haltung zu überprüfen und zu verändern. Wer sich selbst immer wieder mit Achtsamkeit wahrnimmt und sich hin und wieder mit seinen eigenen Vorstellungen, Ansprüchen und »wunden Punkten« beschäftigt, wird viel über sich lernen und seine Haltung verändern. Das ist ein langsamer, stiller Prozess, bei dem Sie insbesondere Geduld mit sich selbst haben sollten. Jedoch lohnt sich der Weg: Denn aus dieser neuen Haltung heraus entwickelt sich dann nahezu zwangsläufig eine andere Sicht auf das Kind und die Familie. Sie ermöglicht eine neue Gelassenheit und mehr Souveränität im Erziehungs- und Familienalltag.

Wichtig!

- *Besinnen Sie sich immer wieder auf sich selbst. Fragen Sie sich, wie es Ihnen gerade geht und was Sie für Ihr Wohlbefinden brauchen.* Bremsen Sie sich nicht bereits im Vorfeld dabei aus, indem Sie sagen: »Dafür habe ich aber keine Zeit.« Oft sind das nur Ausreden, weil sich Menschen vor bestimmten Gefühlen oder Prozessen fürchten. Und wie gesagt: Es geht ja nicht darum, sein Leben umzukrempeln und noch fünf Hobbys anzufangen. Es geht um die Entwicklung einer liebevollen Haltung sich selbst gegenüber, um einen inneren Prozess. Spüren Sie also öfter mal hin, was Sie fühlen, und schauen Sie auch bewusst, wie Sie im Alltag mit sich umgehen. Sind Sie feinfühlig im Umgang mit sich selbst? Oder gehen Sie gerne mal über Ihre eigenen Bedürfnisse hinweg?

- *Je achtsamer und liebevoller Sie mit sich selbst umgehen, desto achtsamer und liebevoller können Sie auch mit Ihrem Kind umgehen.* Sehen Sie sich kleinere Fehler und Unzulänglichkeiten geduldig nach. Wenn Ihnen das gelingt, können Sie auch mit den kleinen und größeren Pannen im Familienalltag lockerer umgehen.
- *Entwickeln Sie immer mehr Verständnis für sich und Ihr Kind. Versuchen Sie sich einzufühlen, vor allem, wenn Ihnen Ihr Kind gerade fremd ist.* Was könnte es fühlen, wie geht es ihm gerade? Gleichen Sie Ihre Wahrnehmung und Vermutung mit Ihrem Kind ab: »Ich habe den Eindruck, dass du traurig bist. Stimmt das?« Auch wenn diese Einschätzung mal nicht ganz zutreffend ist, so kommen Sie Ihrem Kind doch ein ganzes Stück näher. Es merkt, dass Sie an seiner Befindlichkeit interessiert sind. Und ganz nebenbei lernt es, seine Gefühle zu benennen und auszudrücken.
- *Setzen Sie klare Prioritäten. Konzentrieren Sie sich immer mehr auf das Wesentliche.* Prüfen Sie, was Ihnen wichtig ist und was weniger. Prüfen Sie auch, was Ihnen und Ihrer Familie guttut. Und was nicht. Werfen Sie Ballast über Bord. Lassen Sie Dinge, von denen Sie nicht wirklich überzeugt sind. Ein mäßig guter Judokurs für die Tochter, zu dem Sie sie immer hinzwingen müssen? Ein nerviges Ehrenamt, bei dem Sie sich mit anstrengenden Personen herumstreiten müssen? Stammtisch mit langweiligen Kolleginnen? Lassen Sie das. Stecken Sie Ihre Energien in das, was Ihnen Spaß macht und Kraft bringt. Alles andere ist verlorene Lebenszeit.
- *Stellen Sie den gemeinsamen Spaß in Ihrem Familienleben in den Vordergrund.* Den Alltagsstress haben Sie ja ohnehin. Machen Sie es sich miteinander gemütlich, auch wenn es

nicht aufgeräumt ist. Gehen Sie in den Wald, wenn Sie dazu Lust haben. »Quality time« ist keine Zeit, in der Sie an Ihrem Kind herumerziehen, sondern Zeit, in denen Sie etwas Schönes, Wertvolles und Verbindendes miteinander erleben.

- *Verlieren Sie über den ganzen Stress niemals Ihren Humor!* Humor ist die Fähigkeit, der menschlichen Unzulänglichkeit und den alltäglichen Schwierigkeiten mit fröhlicher Gelassenheit zu begegnen. Humor stärkt und ist gerade im Umgang mit Kindern eine kleine Wunderwaffe. So kann man unangenehme oder peinliche Situationen mit Humor retten, aber auch latent konflikthafte Gespräche wunderbar entschärfen. Wichtig ist allerdings zu wissen, dass Sarkasmus und Zynismus mit Humor nichts zu tun haben. Der Unterschied: Humor ist menschenfreundlich und heilsam, Sarkasmus und Zynismus sind bitter und gnadenlos.

»Ich bin genervt« statt »Du nervst mich!«: Ärger angemessen ausdrücken

Natürlich wird es sich im Alltagsgewusel kaum vermeiden lassen, dass Eltern mal ärgerlich oder schlecht gelaunt sind. Kein Mensch kann immer und ausschließlich geduldig, liebevoll und achtsam sein. Dennoch sollten Sie Folgendes beachten:

Wichtig!

- *Ein Kind sollte möglichst wenig und schon gar nicht systematisch ausgeschimpft werden.* Umgekehrt wird ein Kind nicht sofort einen seelischen Schaden davontragen, wenn Sie sich einmal lautstark ärgern oder ungehalten reagieren. Wichtig ist allerdings, dass die Beziehung zwischen Ihnen und Ihrem Kind nicht dauerhaft leidet. Sie sollten sich also, sobald Sie sich wieder abgeregt haben, dem Kind wieder freundlich zuwenden und sich ggf. auch wegen der Überreaktion bei ihm entschuldigen. Natürlich darf das Kind schmollen oder wütend auf Sie sein, es muss die Entschuldigung auch nicht annehmen. In der Regel verzeihen Kinder aber schnell, denn sie halten die entstandene Beziehungsstörung aufgrund ihres ausgeprägten Bindungsdranges nicht lange aus.

- *Lassen Sie Ihren Ärger über etwas anderes nicht an Ihrem Kind aus.* Das ist leichter gesagt als getan. Denn so etwas passiert uns leider oft, da es naturgemäß leichter ist, ein kleines, hilfloses Kind anzumeckern als den mächtigen Chef, von dem man sich vor zwei Stunden schon wieder wahnsinnig gedemütigt gefühlt hat.
  - Prüfen Sie also, wenn Sie schlechte Laune haben, ob Ihr Kind überhaupt etwas damit zu tun hat. Überlegen Sie: Wohin gehört mein Ärger?
  - Teilen Sie Ihrem Kind mit, wenn Sie sich nicht wohl fühlen: »Ich bin müde / habe Kopfweh / habe mich über jemanden geärgert. Es ist nicht deine Schuld, dass ich so schlecht gelaunt bin. Nachher geht es mir bestimmt wieder besser.« Das entlastet das Kind von der Vorstellung, es sei für Ihr Unwohlsein verantwortlich oder zuständig. Denn besonders Kinder zwischen dem dritten und fünften Lebensjahr (»magische Phase«) halten sich für weitaus mächtiger, als sie eigentlich sind. Aus Mangel an Wissen verknüpfen sie ihr Verhalten mit Geschehnissen in der Umwelt und schlussfolgern so fälschlicherweise, dass sie an etwas schuld seien: »Ich bin nicht brav ins Bett gegangen, deshalb ist Papa ausgezogen«, oder: »Ich habe zu viel herumgetobt, deshalb hat Mama jetzt Fieber.«
- *Wenn Sie Ihrem Ärger Ausdruck verleihen wollen oder müssen, dann sollten Sie Verallgemeinerungen möglichst vermeiden.* Sätze wie »Immer bist du so unordentlich!« bleiben für das Kind unverständlich. Was ankommt, ist die Botschaft: Irgendwas ist an mir nicht richtig. Bleiben Sie also mög-

lichst konkret und verbinden Sie Ihren Kritikpunkt mit einer freundlichen Aufforderung: »Ich finde es nicht schön, dass du hier so mit der Zahnpasta rumschmierst. Putz das bitte weg!« So weiß Ihr Kind ganz genau, was Sie von ihm erwarten.

- *Achten Sie im Kontakt mit Ihrem Kind auch auf Ihren Tonfall, Ihre Gestik und Mimik.* Manchmal wirkt ein stummer, grimmiger Gesichtsausdruck weitaus beängstigender als eine laute Schimpftirade.
- *Beziehen Sie Ihren Ärger stets auf das Verhalten des Kindes und niemals auf seinen Charakter.* Sätze wie: »Du bist so ein unverschämtes Kind«, oder: »Sei nicht immer so frech!«, legen dem Kind nahe, dass es entsprechende negative Charaktereigenschaften habe. Das ist der Entwicklung seines Selbstvertrauens alles andere als förderlich. Kinder neigen dazu, das Bild, das die Eltern von ihm haben, zu übernehmen. Sie glauben dann selbst irgendwann, dass sie unverschämt und frech sind. Das sorgt wiederum für Ärgernis oder Kummer und kann auf Dauer eine Menge Schaden in der Psyche des Kindes anrichten. Besser sind daher Aussagen wie: »Ich finde es blöd, wenn du so im Essen rummatschst. Hör bitte damit auf!«, oder: »Ich mag nicht so von dir angeschrien werden, sprich bitte freundlicher mit mir!«
- *Nehmen Sie den Ärger auf Ihre eigene Kappe!* Nicht das Kind nervt Sie, sondern Sie sind genervt von dem Verhalten Ihres Kindes! Es ist ein erheblicher Unterschied, ob ich als Mutter genervt bin und dafür die Verantwortung übernehme und das auch so kommuniziere (»Ich bin schlecht gelaunt«) oder ob ich dem Kind die Schuld für meine Gefühlslage gebe, indem ich es anschreie: »Jetzt hör gefälligst auf mit dem Gewippe, du nervst mich!« In letzterem Fall weigern wir uns, die Verantwortung zu übernehmen. Das Kind löst zwar etwas in uns aus, aber für unsere eigenen Gefühle und den Umgang damit sind wir immer noch selber zuständig.

Übung: Impulse beobachten, Schimpfen vermeiden

Wenn bei Ihnen Wut oder Ärger auf Ihr Kind hochkommt, halten Sie zunächst einen Moment inne, bevor Sie »aus dem Bauch heraus« agieren. Atmen Sie ein paar Mal ein und aus. Prüfen Sie Ihren Impuls:

- Was würde ich jetzt gleich am liebsten tun? Will ich das wirklich?
- Worum geht es gerade, was ist das Thema, was regt mich so auf?
- Muss ich jetzt wirklich schimpfen, schreien?
- Muss ich überhaupt reagieren oder kann ich auch einfach mal etwas achtsam zur Kenntnis nehmen und stehenlassen?

Manchmal muss man dann über sich schmunzeln und es gelingt, einen diffusen Ärger verpuffen zu lassen. Oft sind es nur Gewohnheiten, die uns antreiben: Wir regen uns über immer dasselbe auf, ohne unser Verhalten zu reflektieren. Vielleicht ist unser Ärger ganz unbegründet? Oder er hat etwas mit uns, der eigenen Kindheitsgeschichte oder unserem Alltag, aber gar nichts mit dem Kind zu tun?

Stressreduktion und Schimpfprophylaxe: So sorgen Sie für mehr Gelassenheit im Familienalltag

Ganz allgemein kann man davon ausgehen, dass Stress die Schimpfbereitschaft drastisch erhöht. Will man weniger schimpfen, sind daher nahezu alle Maßnahmen hilfreich, die den Stress reduzieren und für eine entspanntere Familienatmosphäre sorgen. Dabei könnten beispielsweise folgende Tipps helfen:

Wichtig!

- *Überprüfen Sie hin und wieder die Erwartungen, die Sie an sich selbst und an Ihr Kind stellen.* Sind diese möglicherweise etwas überzogen? Sind Sie zu streng im Umgang mit sich selbst? Oder überfordern Sie vielleicht Ihr Kind gelegentlich? Wenn Sie merken, dass Sie hin und wieder die Messlatte zu hoch hängen, dann schrauben Sie Ihre Erwartungen etwas herunter. Lieber zugeben, dass etwas nicht ganz rundläuft, als ständig enttäuscht zu werden und unter Druck zu geraten.

- *Überprüfen Sie die geltenden Familienregeln.* Sind Sie angemessen? Passen Sie zu Ihrem Familienmodell und Ihren ganz persönlichen Vorstellungen? Oder machen Sie manches nur so, weil Sie glauben, dass es jemand so von Ihnen erwartet? Gehen Sie mit Regeln nicht zu starr um, sondern bleiben Sie auch hier flexibel und passen Sie diese immer mal wieder einer veränderten Situation an. Damit ist nicht gemeint, dass Sie immer nur nach Lust und Laune etwas erlauben oder verbieten sollten, sondern dass Sie Ihrem Kind Rahmenbedingungen stecken, innerhalb deren es sich frei bewegen kann.
- *Gestatten Sie Ihrem Kind prinzipiell alle Gefühle.* Es muss nicht nur lernen, seine Gefühle zu spüren, sondern auch, mit ihnen angemessen umzugehen. Lernt es hingegen, dass bestimmte Gefühle unerwünscht oder gar »verboten« sind, wird es diese hinfort verdrängen. Darauf verwendet die menschliche Psyche jedoch viel Lebensenergie, die dann an anderer Stelle verlorengeht. Psychische oder psychosomatische Störungsbilder entstehen häufig, weil basale Bedürfnisse und Gefühle dauerhaft unterdrückt werden mussten. Insofern ist es für Kinder von großer Bedeutung, dass sie fühlen dürfen, was sie fühlen. Das bedeutet nicht, dass ein wütendes Kind andere Kinder verletzen darf, weil man »Gefühle ja zulassen sollte«. Ein Kind muss lernen, seine Gefühle zu spüren und dass es diese aber nicht immer sofort ausagieren muss. Wenn Kinder lernen, ihre Gefühle zu benennen, können Gefühle wie Wut, Ärger oder Zorn im Gespräch aufgefangen und bearbeitet werden, ohne dass sie an anderen Menschen abreagiert werden müssen.

- *Vermeiden Sie Selbstüberforderung.* Job, Haushalt, Kinderversorgung und -erziehung: Eltern kommen schnell an die Grenzen ihrer Belastbarkeit. Hier müssen Sie gut auf sich aufpassen und sich ggf. Hilfe oder Entlastung holen. Legen Sie immer mal wieder bewusst kleine Pausen ein und tun Sie sich öfter selbst mal etwas Gutes. Dabei geht es nicht unbedingt darum, das ganze Leben umzustrukturieren, sondern um die Entwicklung einer gesunden selbstfürsorglichen Grundeinstellung.
- Wenn Sie merken, dass Ihnen alles über den Kopf wächst und Sie nur noch funktionieren, dann entrümpeln Sie schnellstmöglich Ihren Alltag und Ihren Terminkalender. Lassen Sie auch im Haushalt mal was liegen und schrauben Sie Ihre Ansprüche an Ordnung (vorübergehend) zurück. Das ist ein wichtiger Aspekt zur Burnout-Prophylaxe. Nehmen Sie sich auch hin und wieder bewusst Zeit für sich selbst, um Energien zu tanken und Kraft zu schöpfen. Auch mit Ihrem Kind zusammen sollten Sie hin und wieder eine kleine Auszeit nehmen. Kuscheln, auf dem Sofa liegen und lesen oder einfach gar nichts tun: Ruhige gemeinsam verbrachte Tage ohne Verabredungen und Verpflichtungen können sehr viel Power ins Familienleben bringen.
- *Stellen Sie zwischenzeitlich bewusst Ihr Handy aus oder zumindest leise.* Es wäre schade, wenn Ihr Kind in der Zeit, die Sie gemeinsam verbringen, Sie noch mit WhatsApp-Mitteilungen oder Facebookfreunden teilen müsste.
- *Machen Sie sich immer wieder klar, was Ihnen und Ihrer Familie wichtig ist.* Das ist deshalb besonders wichtig, damit Sie nicht versuchen, es allen anderen immerzu recht zu machen. Das ist sehr anstrengend und ohnehin unmöglich. Misten Sie also aus: Machen Sie bestimmte Sachen nur, weil Ihre Eltern das von Ihnen erwartet hätten oder weil die Nachbarn und Bekannten das auch so machen? Priorisieren Sie Ihre Werte auch: Was ist Ihnen am wichtigsten

(etwa die Gesundheit des Kindes, gemeinsame Zeit und ein guter Kontakt), was ist Ihnen weniger wichtig?

- *Machen Sie sich in konfliktreichen Zeiten immer wieder klar, dass Sie nur das eigene Verhalten verändern können.* Wenn Sie wollen, dass sich in Ihrem Familienleben etwas ändert, dann müssen Sie (und Ihr Partner) die ersten Schritte gehen. Eltern, die davon ausgehen, dass es in der Familie keine Konflikte gäbe, wenn sich das Kind nur ordentlich verhalten würde, überfordern das Kind damit. Wenn in Beziehungen etwas nicht rundläuft, dann haben in der Regel beide Parteien etwas damit zu tun. Da die Erwachsenen hier Erfahrungsvorsprung und die nötige Reife haben, um Konflikte zu lösen, müssen sie hier naturgemäß zuerst aktiv werden.
- *Agieren Sie bewusst nicht immer »aus dem Bauch heraus«.* Wer immer nur seinen spontanen Impulsen folgt, handelt oft kopflos und ärgert sich nachher so manches Mal über seine Reaktion. Machen Sie bewusst mal etwas anders, halten Sie sich bewusst länger zurück oder reagieren Sie ungewohnt. Das erweitert das eigene Handlungsspektrum und ermöglicht auch dem Kind wiederum, Sie anders als gewohnt wahrzunehmen. Dann kann es auch selbst wiederum andere Reaktionen zeigen als die, die es sonst zeigt.
- *Stellen Sie hin und wieder eine gesunde innere Abgrenzung zu Ihrem Kind her.* Das ermöglicht einen klareren Blick, vor allem in stress- und konfliktreichen Phasen. Dabei geht es nicht um eine emotionale Abschottung, sondern darum, sich wieder klarzumachen, dass Ihr Kind eigene Empfindungen und Erlebnisse hat. Und dass diese möglicherweise ganz anders sind als Ihre. »Ich bin ich und du bist du« (Fritz Perls) – diese Grundhaltung bedeutet, Unterschiede zu akzeptieren und sich gleichermaßen lieb haben zu können, ohne ständig miteinander verwickelt sein zu müssen.

- *Akzeptieren Sie die Tatsache, dass es in einer Familie immer wieder zu Konflikten kommen wird.* Das ist nicht nur normal, sondern auch gesund. Da in einer Familie immer unterschiedliche Bedürfnisse und Gefühlslagen aufeinandertreffen, lassen sich Konflikte nicht vermeiden. Wichtig ist nur, dass es immer wieder Lösungen für diese Konflikte gibt und dass auch der Spaß in der Familie Raum hat. Ihr Kind lernt so von Ihnen, wie man auch problematische Situationen meistert und Interessenskonflikte klärt.
- *Lernen Sie, Widersprüche und Spannungen besser auszuhalten, wenn Ihnen das schwerfällt.* Man kann es nicht immer allen recht machen, und mitunter setzt man sich mal bei jemandem in die Nesseln. Auch mit Kindern gibt es manchmal problematische Situationen, für die man gerade nicht die passende, perfekte Lösung findet. Dann ist das eben so! Eltern können das offen zugeben, das entlastet sie und ihre Kinder gleichermaßen: »Ich habe da jetzt auch keine gute Idee, wie wir das lösen können. Fällt dir etwas ein, was wir machen könnten?« Eltern müssen nicht so tun, als seien Sie immer patent und allwissend. Sie können unumwunden zugeben, auch nicht immer alles zu wissen. Kinder lernen dann nebenbei, dass es normal ist, manchmal nicht weiterzuwissen – und dass das keine Katastrophe ist. Die meisten Probleme lassen sich kurze Zeit später lösen oder man sieht sie nach ein paar Tagen in einem ganz anderen Licht. Und manchmal haben Kinder auch wirklich wunderbare Problemlösungsstrategien in petto, auf die wir niemals gekommen wären.
- *Wenn Sie durch den Kontakt mit Ihrem Kind immer wieder an die Grenzen Ihrer psychischen Belastbarkeit geraten, Sie sehr ungeduldig oder leicht kränkbar sind, wäre psychotherapeutische Unterstützung vielleicht angeraten.* Möglicherweise tragen Sie alte Konflikte aus Ihrer eigenen Kindheit mit sich herum, die Sie am besten aufarbeiten sollten. Nur so können Sie gewährleisten, dass Sie Ihre eigenen Probleme

nicht auf Ihr Kind projizieren und es nicht in Ihre eigenen kindheitsbedingten Konflikte verwickeln.

- *Stecken Sie Rahmenbedingungen für die Erziehung Ihres Kindes.* Das bedeutet, dass Sie bestimmte, wenige No-Gos als Eckpfeiler formulieren, Sie ansonsten aber innerhalb des gesteckten Rahmens recht flexibel agieren können. No-Gos sind dann etwa alle Tätigkeiten oder Dinge, die die Gesundheit oder Entwicklung des Kindes gefährden könnten. Diese Verbote und Gebote müssen daher konsequent gelten, um den Schutz des Kindes zu gewährleisten. Je älter Kinder werden, desto schneller merken sie, ob Eltern ihnen etwas verbieten, weil es gefährlich ist oder weil sie einfach gerade schlechte Laune haben. Das Erste ist im Sinne des Kindes, und es wird sich daher beschützt fühlen, auch wenn es sich vielleicht manchmal darüber ärgert, wenn es etwas nicht darf. Verbieten die Eltern jedoch aus einer puren Laune etwas, was sie sonst eigentlich erlauben, irritiert das das Kind unnötigerweise. Es wird versuchen, einen Zusammenhang zwischen seinem Verhalten und dem Verbot zu finden, und möglicherweise falsche Schlüsse ziehen.
- Ein Tagesablauf sollte eine gute Mischung aus ritualisierten Vorgängen und ausreichend Freiraum sein. Anhand der zeitlichen Planung eines Tages könnte das etwa bedeuten: Um 15 Uhr kommt das Kind aus der Kita, danach gibt es etwas zu trinken oder zu essen, danach ist bis 18 Uhr frei verfügbare Zeit. Um 18 Uhr wird zu Abend gegessen. Dann folgt eine Viertel- bis halbe Stunde Fernsehen oder die Folge einer gestreamten Serie. Danach Zähne putzen, waschen, Schlafanzug anziehen. Im Bett dann eine Gute-Nacht-Geschichte, eventuell noch ein Lied singen und Gute Nacht sagen. Kinder lieben solche Rituale. Sie geben ihnen Sicherheit und Stabilität, aber durch die eingebaute freie Zeit auch genügend Spielraum für selbstbestimmtes und selbstgesteuertes Spielen und Lernen.

- *Vermeiden Sie möglichst willkürliche, spontane und unlogische Verbote.* In Situationen, in denen bestimmte Wünsche des Kindes aber nicht erfüllt werden können, sollten Eltern das klar und ruhig formulieren: »Du kannst jetzt leider nicht nach draußen gehen, wir müssen doch gleich Einkaufen fahren.« Natürlich kann es sein, dass Ihr Kind das nicht gut findet und ärgerlich wird. Akzeptieren Sie das dann, bleiben Sie ruhig. Üben Sie sich in Achtsamkeit und Annahme wie in Kapitel 5 beschrieben. Je ruhiger Sie bleiben können, desto schneller wird auch Ihr Kind sich wieder beruhigen.

☺ **Übung: Ressourcen finden und aktivieren**

Erinnern Sie sich an eine Situation, in der Sie es geschafft haben, nicht zu schimpfen, obwohl Sie zunächst einen entsprechenden Impuls dazu verspürten. Lassen Sie diese Situation vor Ihrem geistigen Auge noch einmal langsam und bewusst Revue passieren.

Notieren Sie dann die Antworten auf folgende Fragen:

- Wie war Ihr erstes Gefühl? Was genau hat das Verhalten Ihres Kindes bei Ihnen ausgelöst? (Z. B.: »Es hat mich wütend gemacht.«)
- Welcher Impuls folgte auf dieses Gefühl? (Z. B.: »Ich wollte es anschreien, meine Wut an ihm auslassen.«)
- Was haben Sie gemacht, nachdem Sie diesen Impuls verspürten? (Z. B.: »Erst einmal bewusst eingeatmet und abgewartet, ich bin auch einen kleinen Schritt zurückgetreten.«)
- Welche Gedanken oder Gefühle kamen dann auf? (Z. B.: »Ich empfand plötzlich Mitgefühl für mein Kind, weil es seiner eigenen Wut so ausgeliefert zu sein schien.«)
- In welchem Moment konnten Sie Ihren ersten »Schimpfimpuls« verabschieden und etwas anderes tun, als ihm zu folgen? (Z. B.: »In dem Moment, in dem ich begriff, dass ich mich auch hilflos fühlte, es aber ja eigentlich nicht war.«)

- Wie konnten Sie dann auf Ihr Kind reagieren? (Z.B.: »Ich konnte mich ihm wieder zuwenden und ruhig und freundlich mit ihm sprechen.«)
- Wie reagierte Ihr Kind auf Sie? (Z.B.: »Es hat noch ein bisschen geweint, sich aber nach einer Weile beruhigt und sich dann an mich geschmiegt.«)
- Wie hat sich das angefühlt? (Z.B.: »Ich war stolz auf mich, dass ich es geschafft hatte, souveräner zu reagieren als sonst. Und es war schön, dass wir danach schnell wieder miteinander versöhnt waren.«)
- Wenn Sie sich jetzt an dieses letzte Gefühl erinnern, wo im Körper spüren Sie das? Könnten Sie ihm ein Symbol oder ein Bild zuordnen? (Z.B.: »Es fühlte sich wie Wärme im oberen Bauch an. Als Bild dafür sehe ich eine kleine goldene Kugel, die warm ausstrahlt.«)
- Verinnerlichen Sie sich dieses Gefühl und rufen Sie es sich immer mal wieder ins Bewusstsein. Vor allem in stressigen Situationen mit Ihrem Kind sollten Sie sich auf dieses Symbol, Bild oder Gefühle besinnen. Es ist eine Kraftquelle, aus der Sie immer wieder Energie und Zuversicht schöpfen können. Sie haben nämlich alles bei sich, was Sie brauchen, um eine schwierige Situation mit Ihrem Kind souverän zu meistern!

7. »Ich will aber nicht!« Wie man Erziehungskonflikte im Alltag freundlich löst

Im Vorschulalter wird das Kind autonomer und entwickelt seine Persönlichkeit weiter. Das führt zwangsläufig zu Konflikten, da das Kind nun immer mehr seinen eigenen Willen entwickelt und diesen auch klarer kommunizieren kann. Außerdem können wichtige Veränderungen und bestimmte Entwicklungsschübe im Leben des Kindes zu heftigen Reaktionen führen. So kann ein Kind, das neu in eine Kita kommt, nach der ersten Begeisterung anfangen zu klammern, obwohl es das vorher nie getan hat. Oder ein Vierjähriger, der ein Geschwisterchen bekommen hat, nässt plötzlich wieder ein. Die in Kapitel 3 beschriebenen entwicklungsbedingten Ängste und Träume führen bisweilen zu unruhigen Nächten. Morgens will das sich manchmal schon so groß fühlende Kind seine Kleidung selber zusammenstellen, so dass es vielleicht im Winter in einer sommerlichen Blümchenhose und einem geringelten T-Shirt vor Ihnen steht. Und obwohl die Zeit drängt, besteht das Kind darauf, seine Schuhe in aller Seelenruhe selber zuzuschnüren ... All diese alterstypischen Verhaltensweisen können im Alltag zu Stress, Zeitnot und Reibereien führen. Eltern kommen in solchen Situationen dann oft unter Druck und fangen an zu schimpfen oder andere Reaktionsweisen zu zeigen, die sie selbst vielleicht gar nicht so gut finden. Dann nagt später das schlechte Gewissen an ihnen. Oder Eltern fragen sich sogar, ob sie vielleicht schlechte Eltern sind, weil sie schon wieder mehr gemeckert und geschimpft haben, als sie eigentlich wollten.

Es ist menschlich, wenn Eltern in solchen anstrengenden Situationen die Nerven verlieren, ungeduldig werden oder anfangen zu »meckern«. Und Eltern sind auch keine schlechten Eltern, wenn ihnen hin und wieder einfach mal die Hutschnur platzt. Dass Schimpfen jedoch keine besonders geeignete Methode ist, Konflikte zu lösen, haben wir bereits gesehen. Und ja: Es gibt immer auch Möglichkeiten, sich anders zu verhalten und das Schimpfen zu umgehen. Vielleicht wird es mal besser und mal weniger gut funktionieren, jedoch sollte man es immer wieder probieren. Es lohnt sich, hier an sich zu arbeiten, da es zu einem entspannteren und leichteren Familienalltag beiträgt.

Was also tun, wenn man wieder kurz davor ist, wie ein Rohrspatz loszuschimpfen? Oft braucht man dazu nur einen Augenblick innezuhalten und sich just in diesem Moment zu entscheiden, etwas anders zu tun als sonst. Wie das genau funktionieren kann, soll nun anhand einiger typischer alltäglicher Familienkonflikte aufgezeigt werden.

»Nun mach schon!« Wenn es morgens hektisch wird

Alle berufstätigen Eltern kennen diese hektischen Morgen, an denen nichts so klappt wie gewünscht. Da kommt man selber schlecht aus dem Bett, verkippt den Kaffee über der sauberen Bluse und muss auch noch mit dem Kind diskutieren, warum es jetzt nicht das 500er-Puzzle auf dem Boden verteilen und lieber eine lange statt einer kurzen Hose anziehen soll. Ruck, zuck ist die schlechte Laune da. Schimpfen, Schreien und Streitereien lassen dann nicht lange auf sich warten.

Wichtig!

Ein wichtiger Grundsatz hier lautet: Nehmen Sie sich Zeit. Das klingt widersinnig, ist es aber nicht. Denn je hektischer Sie selbst werden, desto unruhiger und unleidlicher wird natürlich auch Ihr Kind. Bevor Sie also von dem Kind erwarten, dass es zügig aufsteht und sich anzieht, sollten Sie selbst ein bisschen ruhiger werden. Je klarer und strukturierter Sie selbst vorgehen, desto weniger wird das morgendliche Prozedere in ein Chaos ausarten. Überlegen Sie also, wie Sie selbst mehr Ruhe und Struktur in den morgendlichen Ablauf bringen können. Das könnte z. B. sein:

- 10 Minuten früher als gewohnt aufstehen und bei einem ersten Kaffee oder Tee die Ruhe genießen. Oder einen Minispaziergang, ein bisschen Morgenyoga oder eine kurze Meditation machen. Auf jeden Fall sollte es dazu dienen, sich zu zentrieren, damit man die nächste Stunde dann möglichst gelassen bewerkstelligen kann.
- Mit dem Kind zusammen einen klaren morgendlichen Ablauf planen und diesen Plan kindgerecht aufschreiben oder -malen und an präsenter Stelle aufhängen.
- Den Morgen besser vorbereiten; also abends schon gemeinsam mit dem Kind die Kleidung herauslegen, den Frühstückstisch decken, die Lunchbox vorbereiten und in den Kühlschrank stellen etc. Je weniger Sie morgens erledigen müssen, desto besser.
- Genug zeitliche Kulanz einbauen. Also das Kind nicht erst 5 Minuten vor Abfahrt zum Zähneputzen schicken, sondern schon 10 Minuten davor.

Sollten Sie trotzdem unter Druck geraten und kurz davor sein, Ihr Kind anzuschreien oder es auszuschimpfen, dann steigen Sie bewusst aus dieser Situation aus, entweder indem Sie Ihren ersten Impuls einfach achtsam vorbeiziehen lassen und sehen, was dann passiert. Oder indem Sie kurz das Zimmer verlassen, tief durchatmen und Ihren persönlichen Reset-Knopf drücken (»Alles auf Anfang«). Und dann überlegen, wie Sie Ihr Ziel erreichen können. Wie bereits mehrfach erwähnt: Klare und freundliche Handlungsanweisungen, gepaart mit Verständnis für das Kind, sind hier immer noch die beste Strategie: »Ich verstehe, dass du gerne das Sommerröckchen anziehen möchtest, dafür ist es aber heute leider zu kalt. Ich möchte, dass du bitte die Jeans anziehst.« Der gesamte »Reset«-Prozess dauert nur ein paar Minuten, da es ja letztlich nur um eine Veränderung der inneren Haltung geht. Der kleine Umweg lohnt sich also. Je öfter Sie diesen »Switch« bewusst gemacht haben, desto schneller können Sie dann auch in Zukunft vom Stress- in den Gelassenheitsmodus umschalten.

»Ich will aber nicht!« Wenn das Kind nicht »gehorcht« und Widerstand leistet

Viele Eltern sind unsicher, wie Sie sich verhalten sollen, wenn das Kind ihren Anweisungen nicht Folge leistet. Es gibt dafür keine pauschale Lösung, Sie sollten jedoch folgende Aspekte berücksichtigen:

- Wenn Ihr Kind Ihren Anweisungen nicht Folge leistet, hat das immer einen Grund – auch dann, wenn wir diesen nicht sofort erkennen. Prüfen Sie in einer solchen Situation also immer genau, wie das Kind Ihr Verhalten gerade erlebt:
  - War Ihr Ton unfreundlich?
  - War die Anweisung unklar?
  - Gab es vorher schon Ärger, der nicht beigelegt wurde?

Prüfen Sie hin und wieder, ob Sie zu viele oder überflüssige Anweisungen geben. Je mehr sich ein Kind herumkommandiert fühlt, desto ärgerlicher wird es verständlicherweise irgendwann reagieren.

- Manchmal ist auch einfach der Zeitpunkt schlecht gewählt. Haben Sie es gerade in einem Spiel »gestört«? Es aus einer schönen Geschichte herausgerissen? Dann zeigen Sie Verständnis dafür, dass es ungehalten reagiert. »Ich weiß, dass das jetzt ein bisschen doof für dich ist, es geht aber leider nicht anders, wir müssen los.« Und überlegen Sie beim nächsten Mal, ob Sie vielleicht einen etwas günstigeren Moment abpassen können. Stellen Sie sich vor, Sie schrauben gerade ein Brett fest, und jemand erwartet von Ihnen, dass Sie »jetzt sofort« zum Essen kommen. Dann lassen Sie das Brett vermutlich auch ungern fallen, sondern sagen: »Ich komme gleich!«, und beenden die mühselige Arbeit erst noch. Anders handhaben Kinder das auch nicht. Nur, dass ihre Zeitvorstellung noch etwas unkonkret ist und ein »gleich« sich etwas in die Länge ziehen kann. Achten Sie also ein wenig auf das Timing und bauen Sie zeitliche Kulanz ein: »In 10 Minuten gibt es Essen, geh bitte schon mal Hände waschen!«

- Wenn Ihr Kind bei bestimmten Aufforderungen regelmäßig ungehalten oder mit Verweigerung reagiert, sollten Sie prüfen, warum das so ist. Hat es vor bestimmten Situationen Angst? Oder auf die Ballettstunde einfach keine Lust mehr? Ist es mit gewissen Erwartungen schlicht überfordert? Dann passen Sie Ihre Erwartungen entsprechend an oder klären Sie mit Ihrem Kind das eigentliche Problem, etwa indem Sie mit ihm darüber sprechen, wovor es Angst hat oder warum es zu bestimmten Veranstaltungen nicht mehr gehen möchte.
- Oft steckt hinter massivem und hartnäckigem Verweigerungsverhalten ein tiefer kindlicher Kummer. Wenn Sie hier nicht alleine weiterkommen, kann eine Familienberatung weiterhelfen.
- Behalten Sie immer im Hinterkopf, dass Ihr Kind sich nicht so verhält, weil es per se widerspenstig oder ungehorsam ist oder weil es Sie ärgern möchte! Versuchen Sie es wie in den vorangegangenen Kapiteln immer wieder mit Empathie, Annahme und Achtsamkeit. So verringern Sie das Konfliktpotenzial und können brenzlige Situationen schon im Vorfeld entschärfen.

»Ich bin jetzt sauer!« Vom guten Umgang mit kindlicher Wut

- Wenn Ihr Kind wütend oder ärgerlich wird, lautet der wichtigste Grundsatz: Erlauben Sie ihm das! Es nutzt nichts, ihm seine Gefühle verbieten zu wollen oder es deswegen auszuschimpfen. Im Gegenteil: Ihr Kind muss ja lernen, mit diesen Gefühlen umzugehen und sie selbst zu regulieren. Das lernt es aber nicht, wenn es seine Wut immer unterdrücken muss. Dasselbe gilt natürlich für Enttäuschung und Traurigkeit.

- Sprechen Sie Ihr Kind auf seine Wut, Enttäuschung etc. an. »Ich sehe, dass du sehr ärgerlich bist. Stimmt das?«
- Fragen Sie nach dem Grund: »Was macht dich denn so ärgerlich?«
- Hören Sie Ihrem Kind gut zu und nehmen Sie seine Gefühle und Antworten ernst.
- Versuchen Sie, einfach nur Verständnis für seine Reaktion zu entwickeln und seien Sie vorsichtig mit Entgegnungen. Sie müssen zunächst gar nicht viel sagen, sondern einfach nur zuhören, da sein. Und die Gefühle des Kindes aushalten.
- Geben Sie Ihrem Kind zu verstehen, dass Sie es verstanden haben: »Oh, das hat dich so geärgert, dass du sauer geworden bist?«
- Geben Sie Ihrem Kind möglichst keine Tipps oder Ratschläge. Es muss ja eigene Strategien für den Umgang mit seinen Gefühlen finden. Macht es einen sehr ratlosen Eindruck, dann fragen Sie es doch einfach: »Was würde dir denn jetzt helfen?« Natürlich kann es sein, dass es diese Frage nutzt, um das gerade erhaltene Verbot wieder rückgängig zu machen. Wenn es dann also antwortet: »Wenn ich doch noch Fernsehen gucken dürfte«, dann sollten Sie klar bleiben: »Das geht jetzt nicht, denn ich möchte das nicht. Was könnte dir denn sonst noch helfen?«
- Werten Sie nicht das Empfinden des Kindes. Sagen Sie nicht: »Darüber muss man doch nicht sauer werden, das ist doch gar nicht schlimm!«, und schon gar nicht: »Du Weichei!«, oder: »Du bist eine Heulsuse!« Solche Sprüche sind sehr kränkend und beschädigen die Eltern-Kind-Beziehung. Oft spielen wir die Emotionen unseres Kindes herunter, weil wir sie schlecht ertragen können und »weghaben« wollen. Wenn Sie eine Neigung dazu haben, die Gefühle Ihres Kindes herunterzuspielen, dann fragen Sie sich doch einmal, wie Sie mit Ihren eigenen Gefühlen umgehen:
  - Übergehen Sie diese auch oft?
  - Warum ist das so?

- Wann haben Sie damit angefangen?
- Welchen Vorteil haben Sie davon?
- Und welchen Nachteil könnte das haben?

- In der Regel flauen kindliche Wut und kindlicher Ärger ab, wenn sich das Kind entsprechend äußern und zeigen durfte, die Wut also einen Platz bekam. Wundern Sie sich also nicht, wenn das eben noch so wütende Kind plötzlich wieder ganz friedlich wird und spielen gehen will. Kindliche Wut löst sich oft genauso schnell auf, wie sie gekommen ist – vorausgesetzt, sie wird von den Erwachsenen nicht massiv bekämpft und so unbewusst verstärkt.
- Wenn Ihr Kind auch durch das (kurze) Gespräch keinen schnellen Weg aus seiner Wut findet, darf es z. B. auf ein Kissen schlagen. Andere Menschen jedoch dürfen auf keinen Fall zu Schaden kommen, das sollten Eltern unbedingt verhindern. Auch Tiere dürfen von einem wütenden Kind nicht malträtiert werden, hier müssen Eltern klare Vorgaben machen.
- Sollte ein verzweifeltes Kind selbstverletzende Tendenzen zeigen, also etwa mit dem Kopf an die Wand schlagen, müssen Eltern intervenieren, etwa indem sie ein Kissen vor seinen Kopf halten. In diesem Fall muss das Kind vor sich selbst geschützt werden. Die Haltung: »Das Kind ist ja selber schuld, wenn es sich den Kopf aufschlägt, soll es doch später Beulen haben, vielleicht lernt es ja etwas daraus!«, ist hier nicht nur falsch, sondern fahrlässig!
- Lassen Sie ein wütendes Kind möglichst nicht allein, es sei denn, es zieht sich freiwillig zurück und möchte auch ausdrücklich allein sein. Schicken Sie es nicht in sein Zimmer oder auf die »stille Treppe«, sondern bleiben Sie präsent in seiner Nähe. Ein wütendes Kind ist letztlich ein sehr hilfloses Kind, das seiner Wut völlig ausgeliefert ist. Es dann auch noch allein zu lassen, tut ihm nicht gut. Finden Sie lieber mit Ihrem Kind einen gemeinsamen Weg, die Wut wieder unter Kontrolle zu bekommen. »Was würde dir helfen, diese Wut jetzt loszuwerden?« Wenn Sie selbst zu aufgewühlt sind, weil

die Wut Ihres Kindes Ihre eigene Wut schürt, dann delegieren Sie diese Aufgabe an jemanden, der ruhiger ist als Sie.
- Wenn Ihr Kind immer wiederkehrend und ohne nachvollziehbaren Grund unter massiven Wutanfällen leidet und dabei auch aggressiv wird, ist eine Familientherapie angeraten. Oft verbirgt sich hinter solchem kindlichen Verhalten ein tiefer gehender Konflikt, der die gesamte Familie betrifft.

FAQ: Was tun, wenn …? Sieben typische Elternfragen

1. *Mein Kind klammert neuerdings, wenn ich es in die Kita bringe. Was soll ich tun?*
   Trennungsängste bei der Kita-Eingewöhnung sind normal, daher sollte dieser Prozess auch möglichst sanft und sukzessiv erfolgen. Wenn Ihr Kind aber verspätet mit Klammern oder Weinen reagiert, obwohl es in der Kita schon eingewöhnt war, kann das verschiedene Ursachen haben. Prüfen Sie folgende Möglichkeiten:
   - Hat es etwas in der Kita erlebt, das ihm nicht gutgetan hat? Hat es Angst vor bestimmten Situationen, etwa alleine auf die Toilette zu gehen? Oder vor einem bestimmten Kind? Befragen Sie hierzu auch unbedingt die Erzieherinnen. Suchen Sie ggf. das Gespräch mit anderen Eltern, wenn Sie alleine nicht weiterkommen.
   - Gab es gravierende Veränderungen in Ihrer Familie oder dem familiären Umfeld? Dann kann es sein, dass diese Veränderungen Verlustängste bei Ihrem Kind aktivieren. Reagieren Sie dann geduldig und verständnisvoll. Bleiben Sie klar und geben Sie Ihrem Kind viel Sicherheit.
   - Gibt es zurzeit massive Konflikte in der Familie? Oder werden Probleme unter den Teppich gekehrt? Haben Sie oft Ehestreit? Ist jemand in der Familie schwer erkrankt? All das kann ebenso zu Verlust- und Trennungsängsten führen. Sprechen Sie dann offen und beruhigend mit

Ihrem Kind, ohne ihm zusätzliche Angst einzujagen: »Wir haben im Moment ein paar Probleme, aber wir werden diese jetzt lösen. Du musst dir keine Sorgen machen!«

2. *Mein Kind nässt nachts wieder ein. Was soll ich tun?*
   - Lassen Sie Ihr Kind zunächst ärztlich untersuchen, um eine Blasen- oder Nierenerkrankung auszuschließen.
   - Oft schläft das Kind einfach zu tief, um zu merken, dass die Blase voll ist. Legen Sie eine wasserdichte Unterlage unter das Bettlaken, zur Not kann auch vorübergehend eine Windel hilfreich sein.
   - Bleiben Sie gelassen, denn in der Regel geht das bald wieder vorbei.
   - Schimpfen Sie nicht mit Ihrem Kind! Ihr Kind hat einfach nachts keine Kontrolle über seine Blase, das kann es nicht einfach so ändern! Wenn Sie schimpfen oder sich ärgern, wird das Problem nur größer, da das Kind sich schämen wird und unter Druck gerät.
   - Möglicherweise reagiert Ihr Kind so auf die Ankunft eines Geschwisterkindes oder eine andere gravierende Veränderung im Familienleben, etwa einen Umzug oder eine Trennung. Das ist sogenanntes »regressives« Verhalten, das Kind verhält sich also wie früher, als es noch jünger war, vermutlich in der Hoffnung, dann wieder den alten Zustand herbeizuführen. Je gelassener Sie hierauf reagieren, desto schneller wird das wieder vergehen. Ihr Kind braucht einfach ein bisschen Zeit und liebevolle Geduld, um sich mit der neuen Situation zu arrangieren.

3. *Meine Kinder streiten sich dauernd. Soll ich eingreifen oder nicht?*
   - Prinzipiell ist es eine tolle Sache, wenn sich Geschwister hin und wieder streiten. So lernen sie, wie man Konflikte klärt, wie man sich durchsetzt und dass man auch mal nachgeben muss.

- Greifen Sie möglichst wenig ein. Beobachten Sie, wie die Streite enden. Finden die beiden Streithähne meistens eine Lösung für ihre Probleme und versöhnen sich bald wieder? Dann ist alles gut.
- Sollte der Konflikt aber eskalieren, etwa wenn die beiden sich gegenseitig schwer attackieren, sollten Sie intervenieren. Gehen Sie nur im Notfall dazwischen und beenden Sie den Kampf, allerdings ohne Partei zu ergreifen. Auch wenn der Altersunterschied sehr groß und die Kräfte sehr ungleich verteilt sind, sollten Sie ein Auge auf die Streite werfen.
- Nehmen Sie nicht immer reflexartig das jüngere Kind in Schutz. Bedenken Sie: Auch die Jüngeren haben oft raffinierte Tricks auf Lager, um Ältere zu provozieren und zu piesacken. Im Zweifelsfall sollten Sie immer beide Parteien hören, bevor Sie sich ein Urteil bilden.

4. *Mein Kind isst nur sehr ausgewählte Sachen und lässt oft etwas übrig. Was soll ich tun?*
   - Kinder haben oft einen eigenwilligen Geschmack. Das macht das Kochen mitunter etwas mühselig. Mit ein bisschen Fantasie lässt sich aber das gemeinsame Essen so gestalten, dass jeder etwas davon hat, und zwar ohne dass verschiedene Mahlzeiten zubereitet werden müssen.
   - Zwingen Sie Ihr Kind nicht, etwas zu essen, was es nicht mag. Essen hat eine symbolische Bedeutung. Es bedeutet, sich etwas einzuverleiben, etwas zu einem Teil seiner selbst zu machen. Ein Kind sollte selbst entscheiden können, was und wie viel es zu sich nehmen möchte. (Damit sind natürlich keine Süßigkeiten und überzuckerten Kaltgetränke gemeint!) Daher sollten Sie Ihr Kind auch nicht zum Aufessen zwingen.
   - Wenn Sie sich Sorgen machen, weil Ihr Kind zu wenig isst, besprechen Sie das mit Ihrem Kinderarzt. Er kann rasch prüfen, ob Ihre Sorge begründet ist oder nicht.

- Bei Mädchen setzt immer früher das Bewusstsein ein, dass es hierzulande erstrebenswert ist, möglichst schlank zu sein. Achten Sie also besonders bei Mädchen auf einen natürlichen Umgang mit Nahrung. Auch sollte es ein gutes Körpergefühl entwickeln können, etwa durch viel gemeinsames Kuscheln, aber auch viel Sport und Bewegung können dabei helfen. Setzen Sie Ihr Kind nicht unter Leistungsdruck: Essstörungen und Leistungsdruck in der Familie gehören oft unmittelbar zusammen.

5. *Mein Kind kann nicht stillsitzen. Ist das normal?*
   - Prüfen Sie, ob Sie Ihr Kind womöglich überfordern. Ist es einfach noch zu jung, um lange stillzusitzen? Vor dem siebten Lebensjahr fällt es vielen Kindern noch schwer, lange stillzusitzen.
   - Hat es einfach temperamentsbedingt einen ausgeprägten Bewegungsdrang?
   - Ist es vielleicht unausgeglichen und braucht mehr Möglichkeiten, sich täglich auszupowern?
   - Ist es nervös, hat es womöglich Sorgen?
   - Langweilt es sich einfach, etwa wenn am Esstisch über »Erwachsenensachen« geredet wird, mit denen es nichts anfangen kann?

6. *Mein Kind ist schüchtern. Wie kann ich es unterstützen?*
   - Akzeptieren Sie das Kind so, wie es ist. Es hat eben sein eigenes Tempo. Oft sind schüchterne Kinder einfach ein bisschen vorsichtiger als andere, das ist weder schlecht noch gut: Es ist einfach so.
   - Manipulieren Sie Ihr Kind nicht. Und geben Sie ihm nicht das Gefühl, dass es sich ändern sollte, etwa indem Sie sagen: »Jetzt hab dich doch nicht so. Der Timo traut sich das doch auch!« Denn erst dann bekommt es das Gefühl, das etwas mit ihm nicht stimmt.

- Ermuntern Sie Ihr Kind hin und wieder, etwas Neues zu tun, aber dosieren Sie das vorsichtig. Und zwingen Sie es nicht, über seine Grenzen zu gehen. Schüchterne Kinder sind oft auch sehr feinfühlige Kinder, die gut spüren können, was sie sich schon zutrauen und was nicht. Sehen Sie das als Fähigkeit und nicht als Manko!
- Locken Sie das Kind nicht mit Belohnungen, etwas gegen seinen Willen zu tun. Je verständnisvoller und geduldiger Sie sich zeigen, desto besser wird es sich entwickeln können. Es gewinnt dann immer mehr Selbstvertrauen und Selbstbewusstsein. Oft legen Kinder mit der Zeit ihre Schüchternheit auch einfach ganz nebenbei ab.

7. *Mein Kind bummelt abends und will nicht ins Bett. Nachts kommt es oft zu uns ins Bett gekrabbelt. Was soll ich tun?*
   - Möglicherweise leidet Ihr Kind unter den in Kapitel 3 beschriebenen unbewussten und alterstypischen Verlustängsten. Sie können ihm dann helfen, indem Sie noch eine Weile an seinem Bett bleiben oder sich sogar dazulegen und mit ihm kuscheln. Wenn es Sie nicht stört, kann Ihr Kind natürlich auch bei Ihnen im Bett schlafen. Das beruhigt Ihr Kind, es kann dann seine Ängste überwinden.
   - Sollte Ihr Kind unter Alpträumen leiden und/oder nachts aufwachen und zu Ihnen ins Bett wollen, so gestatten Sie ihm das möglichst. Es sucht und braucht dann körperliche Nähe und Schutz, beides sollten Sie ihm unbedingt gewähren. Irgendwann wird Ihr Kind diese Phase überwunden haben und wieder durchschlafen.

Kleine Schlussbemerkung

Wenn Sie dieses Buch zuklappen, haben Sie vermutlich viele neue Ideen im Kopf und wollen diese auch möglichst schnell umsetzen. Das ist natürlich schön und verständlich. Setzen Sie sich damit aber bitte nicht unter Druck, denn dann entsteht wiederum nur unnötiger Stress. Und das wollen wir ja gerade vermeiden. Bleiben Sie also bitte geduldig mit sich selbst, und nehmen Sie sich entsprechende »Rückfälle« in alte Muster nicht übel. Es ist nicht so leicht, alte Gewohnheiten aufzugeben. Und es erfordert ebenfalls viel Geduld, sich neue Verhaltensweisen anzueignen. Aber je öfter Sie diese ausprobieren, desto nachhaltiger werden sie sich verfestigen. Und langsam werden sie dann fast unmerklich in Ihr alltägliches Verhaltensrepertoire einfließen.

Wenn Sie Ihre Fortschritte messen wollen, können Sie eine Art »Positiv-Tagebuch« anlegen, in dem Sie ausschließlich festhalten, was Sie an diesem Tag mit Ihrem Kind »anders«/»besser«/»ohne zu schimpfen« hinbekommen haben. Auch wenn es manchmal nur Kleinigkeiten sind: Sich täglich anzusehen, was gut gelungen ist, macht Mut und wirkt motivierend.

Wenn Sie den Eindruck haben, alleine nicht weiterzukommen, können Sie sich natürlich auch professionelle Unterstützung bei einer Erziehungsberatungsstelle oder einer Familientherapeutin holen. Bitten Sie dann dort um konkrete Aufgaben, die Sie zu Hause ausprobieren und üben können. Bleiben Sie also dran an dem Ziel »stress- und schimpffreie und empathische Erziehung« – Ihre Kinder werden es Ihnen später danken.

Anmerkungen

1 Alle Zitate und Fallbeispiele sind fiktiv. Ähnliche Aussagen bzw. vergleichbare Situationen sind mir allerdings in vielen Beratungssettings begegnet.
2 http://dejure.org/gesetze/BGB/1631.html#Rspr.
3 http://www.duden.de/rechtschreibung/schimpfen.